PRAGA INSÓLITA Y SECRETA

Martin Stejskal

JonGlez

Ha sido un verdadero placer para nosotros elaborar la guía *Praga insólita y secreta* y esperamos que, al igual que a nosotros, le sirva de ayuda para seguir descubriendo aspectos insólitos, secretos o aún desconocidos de la capital. La descripción de algunos de los lugares se acompaña de unos recuadros temáticos que mencionan aspectos históricos o cuentan anécdotas permitiendo así entender la ciudad en toda su complejidad.

Praga insólita y secreta señala los numerosos detalles de muchos de los lugares que frecuentamos a diario y en los que no nos solemos fijar. Son una invitación a observar con mayor atención el paisaje urbano y, de una forma más general, un medio para que descubran nuestra ciudad con la misma curiosidad y ganas con que viajan a otros lugares…

Cualquier comentario sobre la guía o información sobre lugares no mencionados en la misma serán bienvenidos. Nos permitirá completar las futuras ediciones de esta guía.

No duden en escribirnos:
• Editorial Jonglez, 17, boulevard du roi,
  78000Versailles, Francia
• E-mail : info@editorialjonglez.com

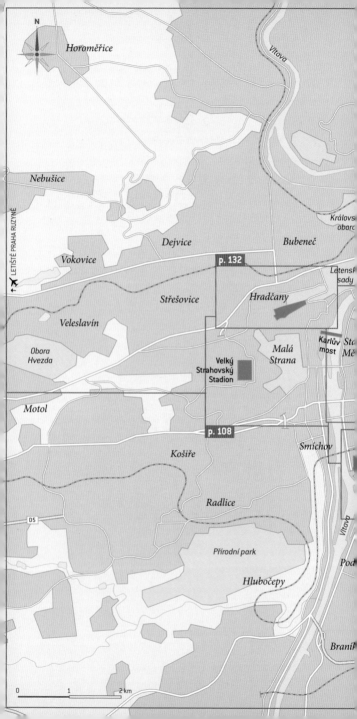

N

Horoměřice

Vltava

Nebušice

← ✈ LETIŠTĚ PRAHA RUZYNĚ

Vokovice

Dejvice

Bubeneč

Králov?
obor?

p. 132

Leten?
sady

Střešovice

Hradčany

Veleslavín

*Malá
Strana*

Karlův
most

Sta
Mě

*Obora
Hvezda*

Velký
Strahovský
Stadion

Motol

p. 108

Smíchov

Košiře

Radlice

D5

Vltava

Přírodní park

Pod?

Hlubočepy

Braní?

0   1   2 km

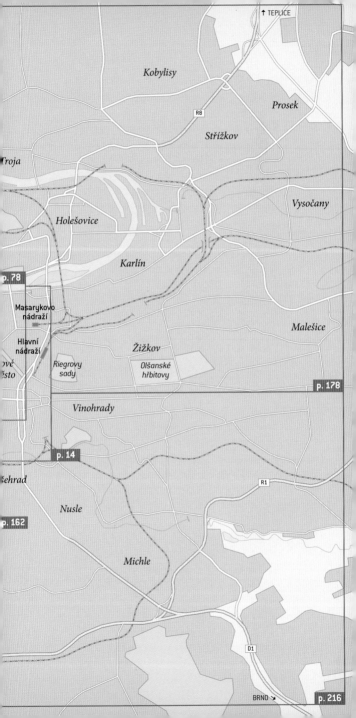

↑ TEPLICE

Kobylisy

Prosek

R8

Střížkov

Troja

Vysočany

Holešovice

Karlín

p. 78

Masarykovo
nádraží

Malešice

Hlavní
nádraží

Žižkov

ové
ěsto

Riegrovy
sady

Olšanské
hřbitovy

p. 178

Vinohrady

p. 14

šehrad

R1

p. 162

Nusle

Michle

D1

BRNO ↘   p. 216

ÍNDICE GENERAL

NOVÉ MĚSTO

ÍNDICE GENERAL

MALÁ STRANA

HRADČANY (CASTILLO)

VYŠEHRAD

ÍNDICE GENERAL

FUERA DEL CENTRO - NORTE

FUERA DEL CENTRO - SUR

ÍNDICE

STARÉ MĚSTO - JOSEFOV

EL CAMINO REAL: DE UN CAMINO CLÁSICO A UN CAMINO ALQUÍMICO

Praga, como otras ciudades europeas (por ejemplo, París), se fundó sobre la orientación formada por las líneas solsticiales o equinocciales de la puesta y de la salida del sol. Este eje visible, este-oeste, formado hace mucho tiempo, está en el lado opuesto de la residencia principesca en el castillo y del centro mercantil de la actual plaza Ungelt en la Ciudad Vieja. El eje es parte del camino por el que transportaron las reliquias de san Venceslao, santo patrón de Bohemia, desde Stará Boleslav, donde se encontraban, hacia la "colina de los cerdos marinos" (el castillo).

El emperador Carlos IV había elaborado en detalle el ritual de coronación a lo largo de esta vía y le había otorgado a este eje emergente un significado preciso al atribuirle un rol esencial a este camino llamado real, cuando decidió reconstruir la Ciudad Vieja y fundar la Ciudad Nueva.

Capital europea del esoterismo y de la alquimia en el siglo XVII (ver p. 140), Praga también hizo de este camino real una enorme alegoría del proceso de elaboración de la piedra filosofal en lenguaje hermético.

Sus numerosos puntos de inflexión, sus azarosas historias y, sobre todo, la inmensa cantidad de símbolos personificados hallados por el alquimista durante su viaje tienen una analogía, ya sea con los portales, ya sea con los voladizos y los escudos de las casas.

A la luz de este enfoque hermético, también se puede pensar que el camino real que lleva al castillo tiene un doble sentido: exotérico ya que por este camino se determinó el proceso de coronación del nuevo rey; esotérico porque lleva, mediante multitud de símbolos importantes directamente al oeste, en dirección a la Estrella de la tarde (ver p. 194).

El camino real entra en la Ciudad Vieja por el este, en la Torre de la Pólvora, que simboliza el umbral del camino alquímico (ver p. 23) que prosigue, en la esquina de la calle Celetná y del Ovocný trh (Mercado de frutas), cerca del antiguo Templo, hasta la Virgen negra, origen de la materia prima de la Gran Obra: estamos al principio del camino alquímico (ver p. 23).

El camino que va de la calle Celetná a la plaza de la Ciudad Vieja y a la calle Karlova atraviesa un bosque de símbolos que tratan de un modo alegórico los aspectos del proceso alquímico:

La casa "Del ángel de oro", cuyo genio alado sostiene una corona de laurel, recuerda la recompensa de aquel que perseverará en este arduo camino filosófico.

Luego está la casa del sol negro que recuerda la etapa de la putrefacción, en la fase de la obra en negro, el nigredo. Del mismo modo, la casa "De los dos osos" recuerda que, al igual que la materia puede ser dominada, el oso también puede serlo (ver p. 55).

Siguiendo el camino, la casa "De la rueda dorada" (ver p. 32) y los medallones de la casa "Del cordero de piedra" (ver p. 44) recuerdan que el trabajo alquímico está en proceso, los esgrafiados de la Virgen con la leche materna manando en la casa "Del minuto" que simboliza el principio de la segunda etapa del trabajo alquímico: el albedo, u obra en blanco.

En el Puente Carlos, los gestos de los santos en fila indican claramente al viajero el camino del oeste. San Cristóbal lleva aquí un fardo cada vez más pesado (el oro recién fabricado) hacia la luz de poniente (ver p. 77).

En Malá Strana (casa "De los dos soles", ver p. 114) el camino bifurca a la derecha hacia el castillo (gloria y renombre de la vía exotérica), o a la izquierda, hacia el Palacete de la Estrella, última etapa de la vía esotérica (elevación e iluminación espiritual – ver p. 194).

En este camino, la casa "De la manzana de oro" simboliza la piedra filosofal, ya muy cercana (ver p. 113).

La otra vía es más directa: va directamente hacia el oeste, a través del valle de Strahnov en lo alto de la residencia real donde brilla, sobre el horizonte, la Estrella de la tarde, como la promesa del éxito del viaje y de la Gran Obra. En lo alto de la calle Úvoz, se alzan las dos torres del monasterio de Strahov, como visores espirituales entre los que pasa el camino (bordeando de cerca el que fue el centro espiritual checo más antiguo, el monasterio de Břevnov) hacia el Palacete de la Estrella (Hvězda) cuya construcción en un lugar aparentemente alejado del centro de la ciudad tal vez encuentra aquí su significado (ver p. 194).

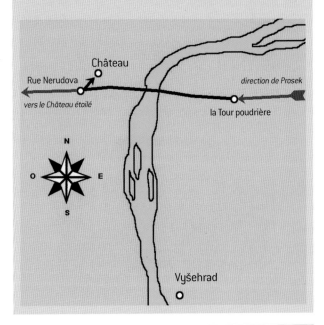

Para más información sobre la alquimia, su origen y sus símbolos, ver p.19.

¿QUÉ ES LA ALQUIMIA?

La palabra alquimia viene del árabe *al-chemi-* y significa "química divina". Su origen está atribuido a Hermes Trimegisto quien la menciona en su obra la *Tabla de esmeralda*, publicada entre los siglos I y III d. C. y verdadera fuente de inspiración del pensamiento hermético y neoplatónico de la Edad Media y del Renacimiento. Esta ciencia tradicional se extendió luego por India y China para volver a Europa, en la Edad Media, con los peregrinos que iban a Palestina y se relacionaban con los sabios islamistas que les transmitieron estos conocimientos herméticos. A partir de ahí, el estudio y la práctica de la alquimia han perdurado hasta hoy y la Iglesia católica, aunque reacia a practicarla, fue más tolerante con su filosofía.

Los adeptos a este arte lo dividen en dos aspectos principales: la *Alquimia Espiritual,* que tiene que ver exclusivamente con la Iluminación del alma, que transforma los elementos impuros del cuerpo en estados refinados de conciencia espiritual, también llamada el *Camino de los Penitentes*; y, la *Alquimia de Laboratorio,* llamada *Camino de los filósofos*, creada en el laboratorio y que reproduce el universo alquímico de la transmutación de los elementos impuros de la naturaleza en metales noble, como la plata y el oro. Normalmente se ejercen estas dos prácticas alquímicas a la vez, convirtiéndose de este modo en el *Camino de los Humildes*, donde la humildad es la del hombre postrado ante la grandeza del universo reproducido en el *laboratorio* (en latín *labor + oratorium*): la alquimia del alma (interior) se expresa exteriormente en el laboratorio.

Los que practican la *Alquimia de Laboratorio* con el único propósito de buscar plata y oro, descuidando los aspectos esenciales de la realización del Alma, fracasarán y se convertirán en *charlatanes*. Seguramente serán cultos pero no tendrán las cualidades morales necesarias. Para evitar convertirse en un *charlatán*, (la Iglesia condenaba este tipo de herético), el adepto debía equilibrar espíritu y corazón, cultura y cualidades morales, penitencia y humildad, convirtiéndose así en un verdadero filósofo.

LAS DOCE FASES DE LA GRAN OBRA ALQUÍMICA Y SUS SÍMBOLOS

La alquimia de laboratorio consiste en manipular directamente la sustancia de los elementos químicos de la naturaleza: se eliminan las impurezas físicas de estos elementos (muerte), luego se purifican y se unen (resurrección) mediante el mercurio y el azufre (alma y espíritu), actuando sobre la sal (cuerpo). De este modo, los elementos volátiles se fijan a la materia purificada, y con ellos se fabrica, gradualmente, a lo largo de las doce fases, la piedra filosofal, sinónimo de la Iluminación de la Materia por la liberación del Espíritu encerrado en ella.

Estas doce fases de la Gran Obra alquímica, interconectadas, se enunciarán aquí brevemente para evitar confundir al lector poco familiarizado con el pensamiento y el lenguaje del hermetismo. Se realizan en tres etapas diferentes, cada una dividida en cuatro fases:

Nigredo, «Obra en negro» - **Disolución y putrefacción de la materia.**

Calcinación – Consiste en la purificación del primer material sólido mediante el fuego, sin por ello disminuir su contenido en agua (que lleva el nombre de "rocío"), para que quede calcinado y no en cenizas. Su símbolo es el *león* que indica la fuerza y la luz solar. En la iconografía alquímica, aparece cerca del operador que mantiene el equilibrio entre el fuego y el agua. Esta fase está también simbolizada por el *dragón* en llamas.

Solución o *Disolución* – La materia sólida es transformada, reducida al estado líquido, y desaparece en ese disolvente: es la "disolución filosófica" en la que esta agua es el propio mercurio que disuelve la esencia del elemento químico diferenciado, integrándolo en su estado indiferenciado original, a saber, la materia prima. El símbolo de esta etapa es un *hombre coronado* (el Adepto del Arte Real) *que se baña en un lago* (las "aguas mercuriales") y representa la inmersión dentro de sí mismo.

Separación – Así como el Espíritu es distinto del Alma, el mercurio, como elemento externo, es separado del azufre que contiene y, bajo el efecto de un calentamiento adecuado, se coagula mediante un proceso secreto (*Secretum Secretorum*), conocido únicamente por los alquimistas, que constituye una especie de línea de demarcación entre la alquimia y la química. Este proceso consiste, metafóricamente, en capturar, dentro de un globo de vidrio (llamado "*huevo filosófico*"), un rayo de sol, condensarlo y encerrarlo herméticamente calentándolo con el fuego de la retorta.

La Tierra, el elemento sólido, se queda abajo, mientras que el Espíritu se eleva. Una vez esta etapa correctamente terminada, se puede ver dentro del globo la formación de una estrella (llamada *"arco iris"* o *"cola de pavo real"*). Esta fase está representada por el símbolo de la *estrella resplandeciente* y también por *la espada del caballero* iconográfico.

Putrefacción – El calor mata los cuerpos sólidos en el fondo del vaso y se pudren: aparece entonces un color oscuro, negro. De ahí viene que esté representado por dos *cuervos* (uno simboliza la calcinación y el otro la putrefacción), por el *esqueleto de la muerte portando la guadaña*, o por un moro o sólo por *su cabeza negruzca y decapitada*.

***Albedo*, " Obra en blanco"** – Purificación de la materia por la sustancia "líquida".

Conjunción – Conscientes de sí mismos, el Alma y el Espíritu, el Mercurio y el Azufre están de nuevo unidos. Toda la operación se lleva a cabo en el mismo recipiente, balón o frasco herméticamente sellado. Como representa el "matrimonio hermético", esta fase está simbolizada por un *Rey* (Espíritu, Sol) y una *Reina* (Alma, Luna) con las manos entrelazadas.

Coagulación o *Congelación* – En esta fase, una coloración blanquecina aparece en el crisol calentado a fuego lento que provoca el cambio de la materia. Se trata del proceso de enfriamiento que hace que un líquido se solidifique, cuando el sólido, previamente disuelto en un disolvente, reaparece al evaporarse este último. Se trata de devolver a la Tierra su elemento debidamente purificado, tal como ocurre en la resurrección de los cuerpos. Por ello, esta etapa está representada por un *Rey empuñando su cetro que sale resucitado de su tumba*.

Cibación – Se trata de la adición de los elementos químicos necesarios para alimentar la materia seca del crisol. Está representada por un *dragón flanqueado* por el Sol y la Luna.

Sublimación – En esta fase, la materia se vuelve espiritual y el espíritu material, es decir, que lo que está fijo se volatiliza y lo que es volátil se fija, pero estos dos procesos dependen el uno del otro, de lo contrario no es posible volatilizar (sustraer) ni fijar (materializar). El papel predominante corresponde al elemento Aire, principio de sublimación del Espíritu y de la Materia, ya que es la etapa en la que el vapor se solidifica y en la que la materia seca se eleva gracias al calor. Se dice que esta etapa dura cuarenta días. Su representación iconográfica puede ser tanto una *paloma que desciende en el crisol* como un *águila que alza el vuelo desde el crisol*. Entre otras representaciones, está la del *anciano acostado* con una paloma sobre él y un águila posada en su vientre, encima de él están los símbolos astrológicos de los siete planetas tradicionales (Sol, Luna, Marte, Mercurio,

Júpiter, Venus, Saturno).

Rubedo, "Obra en rojo" - Etapa en la que se fabrica la piedra filosofal.

Fermentación – Es la reacción espontánea de un cuerpo orgánico en presencia de un cuerpo que lo descompone, es también el proceso de transformación química acompañado de efervescencia de la naturaleza producida por el fermento o su equivalente. No obstante, en alquimia, es costumbre añadir oro para que lo que ya existe sea más activo, dado que "la Naturaleza se reproduce en la propia Naturaleza". Los símbolos de la fermentación son las imágenes del *hermafrodita* y del *tonel de vino* que algunos sustituyen por el personaje del *dios Baco o Dionisio*.

Exaltación – Este proceso es idéntico a la sublimación, una especie de resublimación o de exaltación espiritual y también química, marcada por la presencia del oro y del mercurio. Está representada por las imágenes del *dios Júpiter y sus flechas de fuego* y por la *sirena Melusina* señalando el "mercurio de los filósofos".

Multiplicación – En esta fase, se calienta más la materia que aumenta en poder pero no en cantidad. Esta materia se convierte en la "pólvora de proyección" necesaria par la transmutación de los metales impuros en oro puro. Marca el principio de la aparición de la piedra filosofal en su forma primitiva. La Biblia relata esta fase en el milagro de la "multiplicación de los panes" por Cristo, siendo sus alegorías iconológicas *el lago* y sus aguas de "eterna juventud" y una *cabra en la cima de un monte*.

Proyección – Se trata de la aplicación final de la piedra filosofal en sus usos normales, como el de la transmutación de los cuerpos metálicos, echando la piedra o su "pólvora de proyección" sobre el metal de base fundido para transmutarlo en oro. Dotada de una coloración rojo intenso, púrpura, la piedra de los filósofos resultante de la sal sublime que es la quintaesencia de la materia, está representada por un *niño coronado* - descendiente del Rey y de la Reina, del Sol y de la Luna, del Azufre y del Mercurio – es el Delfín divino, vestido tanto de blanco inmaculado como de púrpura luminoso. Representa la revelación del espíritu sobre la materia, y por consiguiente, la Iluminación de los cuerpos por la esencia divina, el fin último de los verdaderos alquimistas. Esta fase también está representada por *el erizo y el cáliz sagrado* que los antiguos caballeros de la búsqueda espiritual llamaban el *Santo Grial*.

SIMBOLISMO DE LA CASA "DE LA VIRGEN NEGRA"

❶

Calle Celetná 43
• Metro: Náměstí republiky

El negro, la primera fase del proceso alquímico

En la entrada de la Ciudad Vieja, tras pasar por la Torre de la Pólvora (ver recuadro más abajo), la casa "U černé matky boží" (De la virgen negra), en el ángulo de la calle Celetná y del Ovocný trh, debe su nombre a la escultura que figura en la esquina.

La importancia de la Virgen negra reside en su naturaleza telúrica, resultante de una conexión íntima con las profundidades de la tierra. Ocupa un lugar primordial, cerca del Templo, antigua residencia de la Orden de los Templarios, caballeros cristianos que ayudaron a propagar el culto de la Virgen negra en Europa.

Por su posición ineludible, casi al principio del camino real (ver p. 16), la Virgen negra personifica también el "nigredo", primera fase del proceso alquímico llamada también putrefacción, que transforma los elementos bastos en elementos sutiles y auríferos (evocados por el color oro que aparece en el manto de la Virgen). El manto, que no tienen todas las Vírgenes negras, recuerda aquí que la sabiduría encarnada por la Virgen está oculta: se revelará sólo a quienes hagan el trabajo necesario sobre sí mismos, trabajo simbolizado por la Gran Obra alquímica.

La Virgen fue colocada aquí en 1911-1912, fecha en que Josef Gočár construyó esta obra mayor arquitectónica cubista checa, en el emplazamiento de una casa que perteneció a los caballeros Granovský y en la que ya figuraba la Virgen. Hoy el edificio alberga el Museo del Cubismo Checo.

La Virgen siempre ha estado protegida por una reja, lo que explica por qué la casa se llama también "U zlaté mříže" (De la reja dorada). Desde 1997, la estatua que está detrás de la reja es una copia: la original forma parte de la exposición dedicada a la *Opus Magnum* hermética, situada en el sótano de la casa "U kamenehó zvonu", al lado de la iglesia de Nuestra Señora de Týn (plaza de la Ciudad Vieja).

LA TORRE DE LA PÓLVORA: EN EL UMBRAL DEL CAMINO ALQUÍMICO
La Torre de la Pólvora ("Prašná brána") marca la entrada a la Ciudad Vieja. Resulta interesante señalar que, en checo, las palabra *prach* (pólvora) y *práh* (umbral) son muy similares. Para algunos, la pólvora colocada en esta torre a partir del siglo XVIII recuerda también, en términos alquímicos, la pulverización de la materia, uno de los trabajos preparatorios de la Gran Obra.

Para más información sobre las Vírgenes negras y su significado, ver siguiente doble página.

LAS VÍRGENES NEGRAS: ¿VESTIGIOS DE CULTOS ANCESTRALES ADOPTADOS POR EL CRISTIANISMO?

Las Vírgenes negras son efigies de la Virgen María (esculturas, iconos, pinturas...), realizadas en su mayor parte entre los siglos XI y XV, y deben su nombre al color oscuro que las caracteriza.

Se han catalogado unas 500 imágenes aproximadamente, casi todas en la cuenca del Mediterráneo. La mayoría de ellas están en iglesias y algunas han suscitado peregrinajes de suma importancia.

Según la Iglesia católica no existe fundamento teológico sobre el color de estas vírgenes, si bien en ciertos casos se ha buscado la explicación *a posteriori* en un pasaje del Cántico de los cánticos (1:5): «*Nigra sum, sed formosa*» que significa «Soy negra, pero hermosa.»

Para explicar el color oscuro, se han avanzado razones tan sencillas como la propia coloración del material utilizado (ébano, caoba o maderas locales oscuras) o bien los restos de hollín procedentes de las velas votivas.

Sin embargo, la importancia que ha ido adquiriendo el color con el tiempo (algunas imágenes incluso se repintaron durante su restauración) ha hecho pensar en causas de origen más profundo.

Por ello, para algunos, el color de la Virgen negra evoca el hecho de que la figura de la Virgen, al igual que la religión católica en general, no se impuso *ex nihilo* sino que vino a reemplazar cultos ancestrales de

Europa occidental, como el culto mitraico (para más detalles sobre este apasionante ritual, fundador de buena parte de la identidad europea, consultar la guía *Roma insólita y secreta*), los cultos a la Diosa Madre o el culto de Isis, la diosa egipcia que llevaba a Horus en brazos, etc.

En épocas arcaicas, a menudo se rendía homenaje a la Diosa Madre, como símbolo de fertilidad, gestación, creación, procreación, regeneración y renovación de la vida, de la que dependían las cosechas de los campesinos. Con la afirmación del cristianismo se creó un paralelismo entre la figura de la Virgen, Madre de Jesús, hijo del Dios Creador y la figura de la Diosa Madre. El color negro de la Virgen simbolizaba la tierra virgen y su aspecto materno y regenerador, en el sentido de que la procreación femenina surge de las profundidades (oscuras/negras) del útero de la mujer. Además, ¿el color oscuro no estaría relacionado con el campesino, trabajando al aire libre, con la piel curtida por el sol?

Tampoco es fortuito el hecho de que podamos leer la misma inscripción en ciertas estatuas de Isis y de numerosas Vírgenes negras: «*Virgini pariturae*» («A la Virgen que parirá»).

Para concluir, muchas son las Vírgenes relacionadas con los milagros y es interesante señalar que éstos coinciden en su mayoría con la llegada de un nuevo ciclo, de una nueva era, manteniendo así la imagen de la Virgen como fuente de vida.

CASA "DEL ÁNGEL DE ORO"   ❷

Calle Celetná 29
• Metro: Náměstí republiky

Un ángel
para acompañarnos
en el camino real

En el camino real (ver p. 16), en el número 29 de la calle Celetná, la casa "U zlatého anděla" (Del ángel de oro) luce la figura de un genio alado de oro (es una copia: el original ha sido trasladado al Museo Municipal) que sostiene en su mano derecha levantada una corona de laurel, como si se aprestara a coronar a un vencedor.

En su mano izquierda sostiene un cuerno de abundancia lleno de frutos, símbolo de la promesa, dada al comienzo de este difícil camino filosófico, de entregar la corona de laurel al que persevera y triunfa. Es al mismo tiempo la primera expresión de la ciencia oculta: pocos verán el caduceo alado de Mercurio oculto bajo el racimo de frutas. De este modo, desde el inicio de este camino, nos recibe el *servus fugitivus* (sirviente volátil, a saber, alado), el *paredros* que acompaña al visitante.

CASA "DEL PAVO REAL BLANCO"　❸

Calle Celetná 10
• Metro: Náměstí republiky

En el camino real (ver p. 16), la casa "U bilého páva" (Del pavo real blanco), calle Celetná 10, es una casa moderna aunque su nombre date del siglo XVI. En la antigüedad, el pavo real era el ave de la diosa Hera, esposa de Júpiter, pero también era el símbolo del sol por el amplio abanico, parecido al disco solar, que forma su cola desplegada.

> *La cola del pavo real, un símbolo alquímico*

En las tradiciones esotéricas, "la cola del pavo real", que tiene todos los colores del arco iris, lleva a un solo color, el blanco, que contiene todos los colores. Pasamos así a la segunda fase alquímica: después del nigredo (la Virgen negra), viene el albedo, o paso al blanco.

SIMBOLISMO OCULTO DE LA CASA "DEL SOL NEGRO" ❹

Calle Celetná 8
• Metro: Náměstí republiky

> De
> la Virgen negra
> al sol negro...

En el número 8 de la calle Celetná, en el portal de una casa gótica, el emblema de la casa "U černého slunce" (Del sol negro) brilla dentro de un cartucho barroco ricamente decorado.

Aunque esta casa es una de las más famosas de Praga, en realidad su significado no es evidente.

Situada en el camino real (ver p. 16), alberga también un sentido hermético: si el sol está tradicionalmente asociado al oro, el sol negro, en los escritos alquímicos, es la alegoría de la materia prima en su estado original, no trabajada aún.

El sol negro también debe su nombre al hecho de que contiene en potencia

tanta luz (después de las distintas operaciones alquímicas, la realización de la Gran Obra alquímica corresponde también y sobre todo a una iluminación espiritual) que oscurece la visión del común de los mortales. Solo los grandes iniciados, iluminados por la sabiduría divina, aguantan su revelación: para el resto, como Cambises, rey de Persia, que quiso verlo de frente en el desierto egipcio, es sinónimo de locura y perdición.

Este cartucho confirma así que permanecemos en la fase llamada *nigredo* por los alquimistas, estado en el que entramos al principio de la calle Celetná, con la Virgen negra (ver p. 23).

En Praga, hay otras dos casas llamadas "Del sol negro", pero sin emblema: una, en el número 9 de la calle Mostecká, y la otra, en el número 13 de la calle Všehrdova.

EL HOMBRE VERDE DEL KAROLINUM ⑤

Ovocný trh 3, Praha 1
• Metro: Můstek - A

V arios edificios de Praga (ver más abajo) tienen una curiosa representación de un hombre de cuya boca salen ramas y con la cabeza cubierta de hojas.

Un recuerdo del respeto necesario hacia la naturaleza

Aunque habría que buscar sus orígenes en el paganismo, esta figura empezó a aparecer sobre todo en capiteles de iglesias y de catedrales góticas, aunque a veces también podemos encontrarla en edificios laicos. Y se volvió a poner de moda a finales del siglo XIX. Podemos verla en toda Europa, en el Reino Unido sobre todo, pero también en Tailandia, la India y Nepal.

Esta sorprendente figura es una representación, con cabeza humana, de la vegetación como símbolo de renacimiento y de un nuevo comienzo. Es el recuerdo de un ciclo perpetuo que se renueva cada primavera. Su significado lo relaciona con el fauno *Silvanus* , y con el espíritu del bosque.

Existen dos tipos de figura: la primera incita al miedo (casi exclusivamente esculturas medievales) y representa a un *Rey del bosque*. En este sentido es el recuerdo del respeto necesario de la naturaleza y de sus ciclos. La segunda es la de los hombres verdes que aparecen principalmente en el Renacimiento y

en la época barroca y que corresponden más a menudo a *máscaras de hojas* y a un enmarañamiento simétrico de la vegetación.

En el folclore anglosajón, el hombre verde está a menudo asociado con un espíritu llamado *Jack-in-the-Green*, y en la República Checa, la ciudad de Lanškroun posee una leyenda en la que se cuenta la historia de un espectro forestal local llamado *Juanín verde* (Zelený Honza).

OTRAS ESCULTURAS DE HOMBRES VERDES EN PRAGA:

- en la catedral de San Vito en Hradčany, hay varios hombres verdes, esculpidos durante la restauración de la iglesia a finales del siglo XIX.
- en la iglesia de St. Haštal en la Ciudad Vieja (ocho hombres verdes).
- en la Torre de la Pólvora (en los ángulos de la torre: dos hombres verdes mirando en dirección a la calle Celetná)
- en la arcada de la escuela Týnská, en la plaza de la Ciudad Vieja (sobre la clave de bóveda).
- en Dům u Kamenného zvonu (la capilla de la casa), plaza de la Ciudad Vieja (sobre la clave de bóveda).

CASA "DE LA RUEDA DE ORO" ❻

Calle Rytířská 18
• Metro: Můstek

El fuego alquímico de la rueda

Aunque es famoso el emblema de la rueda de oro de la casa "U zlatého kola" (De la rueda de oro), construida en 1787, pocos conocen su verdadero significado. En lo alto de la fachada de la casa, dos ángeles levantan ligeramente la losa de una tumba bajo la que aparecen dos cabezas irreconocibles. A la altura de la segunda planta, la rueda de oro con ocho radios que dio nombre a la casa tiene un cartucho a ambos lados: uno con la cabeza de Atenea coronada con su atributo, una cabeza de Medusa, y el otro, a la derecha, con la cabeza de Mercurio, coronado con un caduceo.

La ubicación de esta casa, cerca del camino real, permite dar una explicación alquímica.

En el proceso alquímico, tras las fases preparatorias, la materia de los alquimistas se coloca dentro de un recipiente especial y se introduce en el horno (atanor): el proceso de transformación de los elementos puede empezar. La rueda de los elementos empieza a girar lentamente con la ayuda del fuego secreto. A partir de ese momento, no se debe parar ni ralentizar su rotación. Esta fase del proceso es conocida como "Fuego de la rueda" y su símbolo alquímico (⊛) se parece mucho al del emblema de esta casa.

Este fuego simboliza cabalísticamente la invocación mnemotécnica *Rota* que, rápidamente y constantemente repetida, revela la relación secreta con el libro de los libros –el Tarot. La rotación transforma continuamente los componentes de la materia terrestre en fuego, luego en aire, y el aire en agua y de nuevo en materia terrestre. Es por ello que la rueda está protegida por Atenea, diosa de la Sabiduría, armada con su lanza capaz de apartar, con una mirada de Medusa, toda circunstancia desfavorable, y Hermes, que ha intercambiado su casco con el de Marte durante la preparación de un posible combate.

CASA "DE LA COLMENA DE ORO" ❼

Calle 28. října 15
• Metro: Mústek

Una alegoría del movimiento esotérico de los Rosacruces

En el frontispicio de la casa "U zlatého úlu" (De la colmena de oro), un altorrelieve en forma de semicírculo muestra una roca coronada con una colmena de oro de la que salen abejas volando. Está rodeada de campo ondulado con árboles y plantas entre las que crecen rosas. En el cielo, cubierto parcialmente de nubes, un sol dorado brilla a la izquierda, mientras que a la

derecha, ligeramente más abajo, hay una media luna creciente.

Aunque para muchos praguenses esta imagen no es más que un antiguo símbolo del ahorro, en realidad remite a imágenes casi idénticas en numerosas ilustraciones de los Rosacruces, publicadas en la primera mitad del siglo XII.

El texto de Fludd titulado *Clavis Philosophiae et Alchymiae* (1623) describe una rosa en el centro de una cruz, hacia la que vuela una abeja de la colmena. Alrededor de la rosa una inscripción latina reza "*Dat rosa mel apibus*" ("la rosa da la miel a la abeja").

Simbólicamente, bajo la protección de los dos protagonistas principales de la Gran Obra alquímica (el Sol y la Luna), la colmena representa la logia donde los Rosacruces hacen su trabajo y las abejas representan a los miembros de la orden, todo ello dentro de una alegoría de la fraternidad y la ayuda mutua.

Para más información sobre los Rosacruces, ver página doble siguiente.

LA ORDEN DE LA ROSACRUZ: UNA ORDEN ESOTÉRICA Y MÍSTICA CRISTIANA

El nombre de la orden esotérica Rosacruz proviene de un sabio de

nacionalidad alemana que vivió alrededor del año 1460 y respondía al nombre simbólico de *Christian Rosenkreutz*, que significa *Cristiano Rosacruz*.

Fundó su orden con 12 discípulos, dotados de un gran misticismo cristiano y dedicados a los estudios científicos y religiosos de la época. Tras instalarse en el sur de Europa, establecieron lazos culturales y espirituales con los centros islámicos, en especial con los místicos sufíes, con quienes permanecieron en contacto durante mucho tiempo, creando así una relación espiritual entre Oriente y Occidente.

Según la tradición, los *rosacruces* poseían poderes sobrehumanos gracias a sus profundos conocimientos del hermetismo y de la alquimia, sabían fabricar la *piedra filosofal* y hablaban directamente con Dios, con Cristo, con los santos y los ángeles que les revelaban la sabiduría divina y los secretos de la inmortalidad.

Su reputación sobrenatural como taumaturgos les sigue acompañando en la actualidad, ignorando dónde acaba la realidad y dónde empieza la imaginación: los *rosacruces* se fundieron rápidamente, desde el siglo XV, en el anonimato convirtiéndose en una sociedad secreta. Sólo aceptaban a un nuevo miembro cuando uno de los suyos fallecía, con el fin de mantener el número de miembros igual a 1+12, sobre el modelo de Cristo y sus 12 apóstoles.

En 1614, se atribuyó el opúsculo en alemán *Fama Fraternitatis* a *Christian Rosenkreutz*, aunque su verdadero autor fuese el teólogo Johannes Valentinus (1586-1654), supuesto portavoz de la Orden de la Rosacruz y firmando en nombre del Gran Maestro. En su obra contaba los orígenes, la historia y la misión de los *rosacruces* que deseaban restaurar el cristianismo primitivo y reformar la Iglesia depurándola de sus vicios seculares.

En el siglo XVIII, la masonería incipiente acogía la Rosacruz en su seno, con la creación, en 1761, del Grado 18, el del *Príncipe Rosacruz* o *Caballero del Pelícano*, como símbolo de la caridad y de la abnegación o del sacrificio, un grado estrictamente cristiano.

Numerosos iniciados, como Robert Fludd en su libro *Summum Bonum* (1629), distinguen *rosacruz* de *rosacruciano*, y más tarde *masón rosacruz* de los anteriores. Según esta distinción:

1) *Rosacruz* es aquel que alcanza la iluminación espiritual, el Maestro que conoce y revela los misterios divinos porque espiritualmente e interiormente se asemeja a Cristo, el Maestro supremo. Aquí, el emblema de la Rosacruz representa la Iluminación integral, el espíritu (*Rosa*) que ilumina y guía conscientemente la materia (*cruz*).

2) *Rosacruciano* es el discípulo que ha elegido adoptar la disciplina que conduce al estado más elevado de la Rosacruz. El emblema de la Rosacruz significa aquí el amor (*Rosa*) y la perfección (*cruz*) a alcanzar.

3) *Masón rosacruz* es el iniciado simbólico que ha alcanzado el Grado 18 de la masonería. En este caso, la Rosacruz, situada en el centro de la escuadra y del compás, representa la perfección y la exactitud del mensaje de Cristo.

ESCULTURA DE UN NIÑO

Iglesia de San Martín del Muro
Calle Martinská
• Metro: Můstek. Tranvía: 22 o 9

> ¿Un niño
> maldito
> transformado
> en piedra?

Construida directamente en la muralla, de ahí su nombre, la iglesia de San Martin del Muro está situada en un barrio tranquilo y melancólico y comunica, por un pasaje muy estrecho, con la calle Martinská.

Aquí se ve, levantando la mirada, sobre uno de los pilares cual gárgola de una catedral gótica, la figura inclinada de un niño acostado.

Según una vieja leyenda, el niño era un gamberro que robaba huevos de los nidos de las golondrinas, aunque otras fuentes afirman que era un aprendiz de techador, y que, subido a lo alto del tejado, se habría mofado de un sacerdote que estaba dando la extremaunción.

El final es el mismo en ambas versiones: como castigo, le habrían transformado en piedra.

La iglesia de San Martín del Muro se construyó de 1178 a 1187 en la aldea de Újezd, que estaba en este lugar y a la que por consiguiente llamaron Újezd-San-Martín. Poco tiempo después, la construcción de las murallas de la Ciudad Vieja de Praga en la primera mitad del siglo XIII dividió el pueblo en dos. La parte más grande se quedó fuera de las murallas, en el territorio de la actual Ciudad Nueva, y la otra, más pequeña, con la iglesia de San Martín, quedó integrada en la Ciudad Vieja.

La iglesia estaba pegada a la muralla por el muro sur (de ahí su nombre) y en la vecindad estaba la puerta de la ciudad llamada Puerta San Martín. De la iglesia original, construida al estilo romano, sólo queda la nave principal que alberga varios elementos arquitectónicos romanos.

El interior estaba probablemente decorado con pinturas murales romanas. Bajo el reinado de Carlos IV, después de 1350, se elevó la nave y se construyó un muro cerca de la esquina suroeste. También se construyó la casa del cura de plano cuadrado, aumentando así la superficie de la iglesia.

Durante siglos, un cementerio rodeaba la iglesia. Una placa conmemorativa de la familia de escultores Brokoff (siglo XVIII) recuerda su existencia. El más famoso de esta familia, F. M. Brokoff (1688-1731), conocido por sus esculturas del Puente Carlos, también está enterrado aquí. Se han conservado algunas tumbas antiguas dentro de la iglesia actual.

CUADRO DEL "BEBEDOR DE ABSENTA"

Café Slavia
Národní třída
• Metro: Národní třída. Tranvía: 9, 22; Parada: Národní divadlo

E l célebre y magnifico café Slavia, de estilo Art Déco, posee un precioso cuadro de Viktor Oliva: *El bebedor de absenta* (1901), que decora el café desde los años 20.

> *"El hada verde", el otro nombre de la absenta*

En él se ve a un bebedor de absenta delante del cual hay un "hada verde", que recuerda el otro nombre de esta bebida.

El pintor Viktor Oliva (1861-1928) era miembro del movimiento de los "Bohemios parisinos", como se llamaba a los artistas checos (de Bohemia) que residieron en París a finales del siglo XIX y principios del siglo XX. Fue en París donde Oliva descubrió las delicias de la absenta.

Sus amigos artistas, adeptos del modernismo, como Adolf Mucha y Luděk Marold, lo influenciaron muchísimo.

El café Slavia abrió sus puertas en 1863 y se convirtió en un lugar tradicional de encuentros entre artistas como Franz Kafka, Rainer Maria Rilke, el premio Nobel de literatura Jaroslav Seifert o compositores como Bedřich Smetana et Antonín Dvořák.

LA ABSENTA EN BOHEMIA

La absenta se extendió en Bohemia en los años 1880, en particular gracias a artistas checos como el pintor Viktor Oliva, que había descubierto la absenta durante su estancia en París. Desde 1915, Bohemia se convirtió en una productora de absenta.

Existen dos tipos de absenta: la francesa, a veces considerada como la absenta verdadera, y la de Europa del Este llamada checa o de Bohemia, a menudo de color azul.

Su diferencia reside en el proceso de elaboración.

La verdadera absenta se fabrica dejando macerar en alcohol la absenta, el anís, el hinojo (la pretendida "santa trinidad") y otras plantas. Luego se procede a la destilación y a la coloración.

Sin embargo, la absenta checa, además de emplear menos hierbas, se filtra después de la destilación y, por lo tanto, es muy amarga comparada con la verdadera absenta.

Fundada en el sur del país en 1920, la destilería Hills retomó la elaboración de la absenta checa en los años 90.

LA MANO DISECADA DEL LADRÓN

Iglesia de Santiago el Mayor
Calle Malá Štupartská 635/6
• Metro: Náměstí republiky
• Abierto todos los días de 9.30 a 12 h y de 14 a 16 h

> **Cuando la Virgen impide un robo...**

En el nártex de la iglesia de Santiago el Mayor (Jakub Větší), a la derecha de la entrada, una sorprendente mano momificada y su muñeca cuelgan de una pequeña cadena.

Al lado hay un cuadro que describe la leyenda a la que está asociada. Según esta, un día, un ladrón entró en la iglesia y en el momento en que se disponía a robar un objeto valioso, la Virgen lo sujetó por la muñeca y apretó tan fuerte que al final hubo que cortarle la mano para liberarlo.

Y se expuso ante la mirada de todos para disuadir a los demás ladrones. Hoy sigue ahí.

EL ENTIERRO DE UN MUERTO VIVIENTE

La nave izquierda de la iglesia contiene también la tumba barroca del conde
Vratislav de Mitrovice, célebre escultura de F. M. Brokoff y de B. Fischer von
Erlach. La estatua del conde está representada rodeada de las alegorías
de la Gloria, de la Fama, de Saturno y de la Contemplación. Se cuenta que
el conde Vratislav fue enterrado vivo, estando solo desmayado, y que se
despertó dentro de su tumba. Al abrir la tumba más tarde, constataron que
la losa del sepulcro estaba movida, y que el difunto yacía, acurrucado, en
una esquina del sarcófago.

Después de la catedral San Vito, la iglesia Santiago el Mayor es el edificio
religioso más grande de Praga. Una rica composición barroca decora la
fachada del santuario y el nicho del altar mayor alberga una Pietá gótica a la
que se le atribuyen unos sesenta milagros.

LOS MEDALLONES DE LA CASA "DEL CORDERO DE PIEDRA" ⑪

Plaza Staroměstské 551/1
• Metro: Staroměstská

Una joya escondida de la arquitectura hermética

A la izquierda de la entrada de la calle Celetná, plaza de la Ciudad Vieja, la casa "U kamenného beránka" (Del cordero de piedra) es también llamada a veces "U jednorožce" (Del unicornio), por el cordero que aparece en el bajorrelieve de la casa y cuyo cuerno encorvado a veces hace que lo confundan con un unicornio.

La casa situada en el camino real (ver p. 16) es en realidad una verdadera joya escondida de la arquitectura hermética.

Se cuenta que en la época de Rodolfo II pertenecía a Tadeáš Hájek z Hájku, a quien el emperador confió la misión de evaluar a los alquimistas extranjeros que pululaban por entonces por la ciudad, atraídos por la pasión del emperador por las disciplinas esotéricas.

Si observa atentamente la casa, verá que las columnas del portal, que datan del Renacimiento, tienen capiteles ricamente decorados.

En el capitel izquierdo, se ve la luna, representada en forma de hoz con rostro humano mirando hacia el centro y el sol, representado por un disco solar con rostro humano, mirando de frente. En el capitel derecho, el medallón de la izquierda representa la cabeza de un bufón de perfil, con una capucha en forma de hoz, orejas de asno y tres cascabeles, el medallón de la derecha muestra una cabeza de cerdo (o de erizo) de perfil y un tonel con tres cercos insertados.

En alquimia, el bufón (o el loco) simboliza el mercurio (el principio que corresponde a lo que es pasivo, frío, maleable, volátil y femenino), el erizo es el símbolo del azufre, el principio que corresponde a lo que es activo, caliente, duro y masculino.

En el capitel izquierdo, el sol (el oro) y la luna (la plata) corresponden ellos también a dos principios fundamentales de la alquimia operativa: el azufre y el mercurio.

La sorprendente construcción de las columnas del portal, en X, simboliza el rol de mediador espiritual que desempeña el alquimista.

Hay otros símbolos alquímicos visibles: las hojas de roble con agallas (que simbolizan el lenguaje secreto del alquimista), los trabajos de las mujeres y los juegos de los niños (en latín el "*Opus mulierum et ludus puerorum*", que recuerda una parte de la preparación de la materia en los escritos alquímicos), bacantes salvajes que cabalgan sobre jabalíes, etc.

A principios del siglo XX, el físico Albert Einstein vivió aquí una temporada.

MERIDIANUS
QUO OLIM TEMPUS PRAGENSE
DIRIGEBATUR

POLEDNÍK,
PODLE NĚHOŽ BYL V MINULOSTI
ŘÍZEN PRAŽSKÝ ČAS

LA LÍNEA DE LA MERIDIANA DE PRAGA

Plaza Staroměstské
• Metro: Staroměstská

> **Para leer
> la hora
> de mediodía**

unque miles de praguenses y de turistas pasan todos los días por la plaza de la Ciudad Vieja, pocos son los que reparan en la línea de cobre que corre sobre los adoquines, cerca del monumento a Jan Hus.

En una de las puntas de la línea se puede leer: "*Meridianus quo olim tempus pragense dirigebatur*" (Meridiana que en el pasado determinó la hora en Praga).

Esta línea marca en efecto la ubicación de la meridiana de Praga (14° 25' 17"), gracias a la cual se podía leer la hora: al igual que en Roma y París (para más información ver la guía *París insólita y secreta* para la meridiana del obelisco de la plaza de la Concordia, y la guía *Roma insólita y secreta*)

COLUMNA B.M.Virginis

para el obelisco de la meridiana del Vaticano), la columna Mariánský proyectaba una sombra en el suelo que se desplazaba a medida que pasaba el día. Al analizar, con los años, las distintas posiciones de la sombra, se logró determinar la hora de mediodía en función de la posición de esta sombra en el suelo.

La columna Mariánský fue erigida en 1650 en agradecimiento a la Virgen María por la salida de los suecos de la ciudad. Decorada con estatuas del escultor checo Jan Jiří Bendl, fue destruida en 1918 por una muchedumbre encolerizada que consideró que su presencia estaba ligada a la odiada dominación de los Habsburgo.

El emplazamiento original de la columna Mariánský está señalado en la plaza por 5 cuadrados en los adoquines.

LAS CRUCES BLANCAS DE LA PLAZA DEL AYUNTAMIENTO ⓭

Plaza Staroměstské
• Metro: Staroměstská

> **27 cruces para 27 mártires**

Cerca del Ayuntamiento, los adoquines blancos de la plaza de la Ciudad Vieja que tienen la forma de 27 cruces recuerdan el lugar del patíbulo en el que, el 21 de junio de 1621, ejecutaron a 27 nobles checos, líderes del levantamiento de los nobles (3 señores, 7 caballeros y 17 burgueses). Esta ejecución dio fin a los acontecimientos que iniciaron con la defenestración de tres consejeros municipales praguenses el 23 de mayo de 1618 y terminaron con la derrota de los ejércitos de los nobles en la batalla de la Montaña Blanca en Praga el 8 de noviembre de 1620.

La ejecución fue solo una de las consecuencias del levantamiento de la nobleza que había terminado sin éxito. Otra consecuencia de estos acontecimientos fue el traspaso de la corona checa a manos de los Habsburgo, una hegemonía que duró casi 300 años.

Y otra consecuencia importante fue el regreso al catolicismo: al ser Bohemia protestante, los acontecimientos provocaron una fuerte oleada de emigración (en gran parte de la *intelligentsia* checa) y una conversión al catolicismo para los que se quedaron (ver *Malá Strana - Los bolardos de la plaza Malostranské*, p. 116).

BAJORRELIEVES MODERNOS DE LA CASA MUNICIPAL

14

Obecní dům, Plaza de la República
• Metro: Náměstí republiky

Un piloto y su casco

L evantando la vista, se ven unas magníficas esculturas de mascarones alegóricos con atributos de la Ciencia, el Arte y la Industria en las dovelas de las 15 ventanas semicirculares de la primera planta del frontón de la Casa Municipal (*Obecní dům*). Su autor es el escultor Karel Novák.

Sobre las últimas ventanas se aprecia la cabeza de un hombre con un casco y gafas de aviador, probablemente una alegoría del automovilismo, del motociclismo o de la aviación: la Casa Municipal se construyó en los años 1905-1912, en una época donde estas actividades estaban en pleno auge. Fue también en esta época cuando el pionero de la aviación checo Jan Kašpar voló el primer avión en Bohemia en 1910.

EL SECRETO DEL RELOJ ASTRONÓMICO

Ayuntamiento de Staroměstská
Plaza Staroměstské
• Metro: Staroměstská

> *Un mecanismo que dio origen a una modelización matemática*

Construido hacia 1410 por el relojero Mikuláš de Kadaň según los planos de Jan Ondřej, apodado Šindel, el célebre reloj astronómico de Praga es una obra maestra de precisión e ingeniería. La placa conmemorativa dedicada a su creador está colocada a la izquierda, debajo del cuadrante inferior.

Más allá de la multitud de elementos que se pueden leer en el reloj (hora clásica, introducida en Bohemia en 1547, antigua hora checa que empieza al ponerse el sol, horas planetarias, posición del sol sobre la eclíptica, el movimiento y la fase lunar, día del mes y festivos, incluso variables, como Pascua, etc.), hay un elemento espectacular y desconocido del reloj, invisible para el público: el dispositivo de sonería del reloj es una rueda que permite repetir, de 1 a 24, los tañidos de la torre.

Esta rueda está dividida en muescas segmentadas de longitud 1, 2, 3, 4, 3, 2. Esta rueda gira con una rueda dentada más grande que tiene 24 muescas en la circunferencia exterior, en la que la distancia entre los dientes crece sucesivamente y a la que corresponde un sonido.

La rueda grande da la vuelta entera una vez al día mientras que la pequeña la da 20 veces al día, con una velocidad periférica 4 veces mayor.

$$1\ 2\ 3\ 4 \quad \underbrace{3\ 2}_{5} \quad \underbrace{1\ 2\ 3}_{6} \quad \underbrace{4\ 3}_{7} \quad \underbrace{2\ 1\ 2\ 3}_{8} \quad \underbrace{4\ 3\ 2}_{9} \quad \underbrace{1\ 2\ 3\ 4}_{10} \quad \underbrace{3\ 2\ 1\ 2\ 3}_{11} \quad \underbrace{4\ 3\ 2\ 1\ 2}_{12} \quad \cdots$$

Las sumas de esta progresión corresponden de un modo extraordinario al número de repiques de cada hora (entera).

Este mecanismo dio origen a un modelo matemático creado en honor al inventor del reloj Jan Šindel llamado "progresión de Šindel".

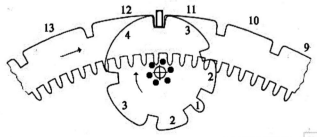

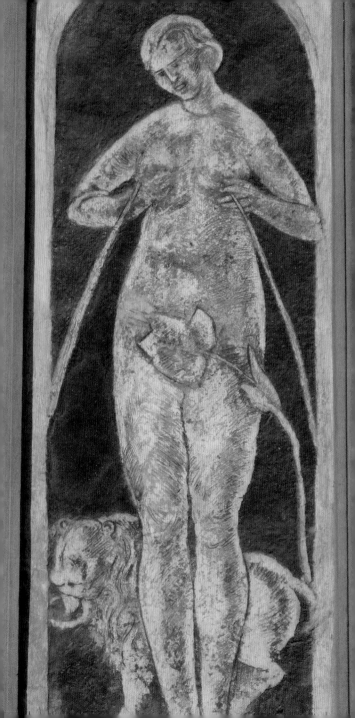

ESGRAFIADO DE LA VIRGEN CON LA LECHE MATERNA BROTANDO

(16)

Casa "Del minuto"
Plaza de la Ciudad Vieja 2
• Metro: Staroměstská

> ¿Una alegoría hermética de la piedra filosofal?

En la plaza de la Ciudad Vieja, cerca del reloj astronómico, la casa U minuty (Del minuto), originalmente una casa de estilo gótico, reconstruida dos veces al estilo Renacimiento, pertenece desde el siglo XIX al Ayuntamiento de Praga. De 1889 a 1896, el célebre escritor Franz Kafka vivió aquí con su familia.

Los esgrafiados renacentistas que hoy decoran la fachada no fueron descubiertos hasta 1919, bajo una capa de enlucido viejo.

Las dos fachadas de la casa tienen, a distintas alturas, un conjunto de motivos sin relación entre sí: el cortejo de Baco, la leyenda del tiro del rey muerto, escenas del Antiguo Testamento (Adán y Eva, José el Egipcio en el pozo y la ballena que vomita a Jonás), las virtudes antiguas, los trabajos de Hércules y muchos otros.

El historiador del hermetismo René Alleau menciona esta casa comparándola con una de las residencias filosóficas más importantes de Francia, el palacio Lallemant en Bourges.

La última figura del fresco, en la parte inferior del frontón del lado este, es, según la expresión tradicional, la alegoría de la naturaleza: una mujer desnuda, con la cabeza inclinada, que presiona con sus manos sus senos de los que sale líquido. La antigua prefiguración de este motivo es la leyenda de la diosa griega Hera que inventó de este modo la Vía Láctea.

El motivo de esta mujer, con el pecho del que fluyen leche y sangre, era un tema muy habitual en los escritos herméticos. Uno de los más conocidos es el de la Virgen sentada sobre un cachalote en el manuscrito de J. D. Mylius *Philosophia reformata*, ilustración de la frase del alquimista Daniel Stolcius que estudió en Praga: "La leche y la sangre brotan para ti de mis senos-cuando se hierven juntos-te dan oro".

Otro grabado, sacado de la obra *Azoth* de Basilio Valentin, es una sirena coronada con dos colas de pez, nadando en el mar, de cuyos pechos manan dos líquidos.

Debajo de esta imagen se lee: "Soy la diosa de una excepcional grandeza y belleza, nacida de nuestro mar que rodea la tierra movediza. Vierto la leche y la sangre de mis pechos y cuezo estas materias hasta transformarlas en plata y en oro".

En este contexto, se comprende mejor que el esgrafiado pueda evocar las virtudes de la piedra filosofal al igual que el propio alquimista.

CASA "DE LOS DOS OSOS"

Calle Kožná 1
• Metro: Můstek o Staroměstská

*Domar
al oso,
una alegoría
alquímica*

onstruida entre 1559 y 1567, la casa "U dvou zlatých medvědů" (De los dos osos) tiene un precioso portal renacentista en el que se aprecia la sorprendente presencia de dos osos que se miran. Al lado de los osos, hay dos hombres con armadura, sentados, sujetando una rama con hojas.

En alquimia, el oso corresponde a los instintos y a la fase final del proceso alquímico; está representado por el color negro de la materia en estado bruto o inicial. Aparece pues poderoso, violento, peligroso, incontrolable, como una fuerza primitiva, y fue tradicionalmente el emblema de la crueldad, el salvajismo y la brutalidad. Sin embargo, la parte superior del emblema está representada aquí por los hombres que alimentan al animal; el oso también puede, en cierta medida, ser domesticado: baila, es hábil con la pelota y representa el control del alquimista sobre la materia primitiva. Se puede atraer el oso hacia la miel, algo que le encanta, al igual que el alquimista domina la materia bruta con la "miel" de la sabiduría. Simboliza, en resumen, las fuerzas elementales susceptibles de evolucionar progresivamente, pero también merecedoras de terribles regresiones, tales como los falsos alquimistas conocidos como "sopladores" que no saben aunar sus experimentos en el laboratorio con el proceso espiritual que permite alcanzar los grados más altos de la alquimia, a saber, la unión con lo divino.

Al simbolizar la materia elemental sin dominar, el oso fue, en la sociedad celta, el símbolo de la casta guerrera y, por consiguiente, del poder temporal. Cuando el oso es agresivo y cruel, simboliza la tiranía y la opresión. Domesticado, se convierte en el símbolo de la justicia y de la libertad, reflejo de la característica espiritual de los verdaderos alquimistas. Estos están representados, en el friso del pórtico de esta residencia, por los hombres que domestican y alimentan a los osos. Las dos columnas laterales con ramas de lúpulo saliendo de la boca de dos cabezas podrían recordar que en este lugar se fabricaba cerveza (a base de lúpulo).

Según una antigua leyenda, todos los subterráneos de Praga desembocan en el sótano de la casa U dvou zlatých medvědů (De los dos osos).

ESTATUA DE UN CABALLERO PETRIFICADO 🔞

Nuevo Ayuntamiento
Plaza Mariánské
• Metro: Staroměstská

El Darth Vader praguense

En la esquina izquierda del Ayuntamiento (Nová radnice), en Mariánské náměstí (plaza Mariánské), la estatua de un caballero (esculpida por Ladislav Šaloun a principios del siglo XX) se parece extrañamente a la silueta de Darth Vader, personaje de la película de George Lucas *La guerra de las galaxias* (*Star Wars*). Fue colocada aquí en memoria a una leyenda relacionada con la casa derruida en el número 119/19 de la calle Platnéřská (calle de los Antiguos Armeros), una calle que debe su nombre a los artesanos que fabricaban en ella armaduras metálicas en el siglo XIV.

Según la leyenda, había en Praga un caballero que se paseaba siempre con una armadura negra. Como tenía que reparar su armadura, fue a la calle Platnéřská en busca de un artesano. Este tenía una hija muy guapa de la que el extranjero se enamoró. Pero la joven lo rechazó y, un día, él la apuñaló salvajemente entre la multitud.

Antes de morir, la joven lo maldijo, transformándolo en una estatua de piedra.

Siguiendo con la leyenda, cada cien años, el mismo día y a la misma hora del crimen, el caballero se aparecía y esperaba su liberación que solo podía lograr si obtenía el perdón de una joven inocente.

Esperó largo tiempo, hasta que una viuda se mudó con su hija a esta casa. Cien años después, en el día y a la hora del asesinato, el caballero se apareció ante al joven. Ella se asustó pero él le dijo que no tenía que temerle, que él solo esperaba su liberación y que solo ella podía concedérsela.

La joven contó a su madre sus miedos y, al día siguiente, la madre fue a esperar sola al caballero. Al ver a la viuda, exclamó "¡A esperar otros cien años más!" y desapareció petrificado.

La casa original de la calle Platnéřská tenía un escudo de caballero llamado El hombre de hierro que hoy se encuentra en el Museo de la Ciudad.

EN LOS ALREDEDORES

IDIOM – LA COLUMNA INFINITA
Biblioteca Municipal
Plaza Mariánské

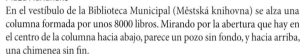

En el vestíbulo de la Biblioteca Municipal (Městská knihovna) se alza una columna formada por unos 8000 libros. Mirando por la abertura que hay en el centro de la columna hacia abajo, parece un pozo sin fondo, y hacia arriba, una chimenea sin fin.

Esta sensación de infinito se debe al espejo colocado al fondo y en la cima de la columna.

El autor de esta obra, titulada *Idiom*, es el artista eslovaco Matej Krén.

ESCULTURA DEL DIABLO

Calle Žatecká 4
• Metro: Staroměstská

El diablo
del portal

onstruida a principios del siglo XX, la fachada de la casa del número 4 de la calle Žatecká alberga, bajo el voladizo central de la primera planta, una enorme y extraordinaria escultura de un diablo con cuernos y enormes alas de murciélago, que sujeta entre sus garras una serpiente enrollada y un globo. Esta inesperada aparición está compensada de alguna manera por la imagen en color de una virgen adornada con guirnaldas de flores en la segunda planta: la parte de arriba está dedicada a los espíritus, a los cielos y a los poderes divinos, mientras que el nivel inferior lo está a los instintos, al infierno y al maligno.

Es interesante observar, además, que el diablo alado está colocado a la izquierda de la entrada, lo que recuerda la "vía de la mano izquierda", es decir, la magia negra.

EL DIABLO EN PRAGA

En Praga circulan cantidad de leyendas sobre el príncipe de las tinieblas, aunque la pervivencia tangible de sus efectos es menos abundante.

Se cuenta que en el convento Emmaüs (Ciudad Nueva), fue cocinero de los monjes.

En Prokopské údolí (valle del Procope – Praga Hlubočepy) el diablo no dejó en paz al santo Procope, que vivía en la cueva más grande de la ciudad. Con el tiempo logró echarlo.

En Vyšehrad, los tres trozos de la columna rota son el resultado de haber perdido la apuesta que el diablo hizo con el sacerdote de Vyšehrad (ver p .169). La ilustración de esta leyenda puede verse en la pintura mural de la nave izquierda de la iglesia de San Pedro y San Pablo.

En cuanto a la afirmación de que el diablo había intervenido en algunas construcciones praguenses como resultado de un contrato sellado entre él y los arquitectos, hay un ejemplo en la leyenda del arquitecto del Puente Carlos. Este tema, conocido en muchas ciudades de Europa trata de la deuda contraída con el diablo por su ayuda. Se da por sentado que la primera persona que cruce el nuevo puente pertenecerá al diablo.

Asimismo, se cuenta que el creador de la bóveda más grande de la iglesia de San Carlomagno (Karel Veliký) en Karlov (Ciudad Nueva) trató con el diablo en un momento de despiste. Cuando, al final de la construcción, los masones se negaron a quitar los andamios por miedo a que la bóveda se hundiera, el propio arquitecto le prendió fuego. Esto provocó un gran estruendo entre humo y polvo que llevó a creer al arquitecto que la bóveda se había dañado. El diablo huyó y según el relato de los habitantes lo encontraron el mismo día por la noche ahogado en las aguas del Moldava.

La intervención más conocida del diablo ocurrió en la casa de Faust, en Karlovo náměstí (plaza Carlos). Al cumplirse el contrato firmado con el doctor maldito, Mefistófeles llegó volando para llevarse a Fausto al infierno. Se cuenta que el agujero del techo del apartamento de Fausto, en el voladizo sudoeste del edificio, tardó mucho en ser reparado.

CASA-MUSEO DE JAROSLAV JEŽEK

Calle Kaprova 10, Praha 1
• Metro: Staroměstská
• Tel.: 257 257 739/257 257 730 (České muzeum hudby)
• marketa_kabelkova@nm.cz
• Abierto el martes de 13 a 18 h

> *El mundo azul oscuro*

En esta habitación de paredes, techo y cortinas azules vivía en los años 30 el compositor Jaroslav Ježek. Aquejado de una enfermedad en los ojos, le gustaba especialmente este ambiente particular que le proporcionaba un sentimiento de bienestar. En 1929 compuso la canción *El mundo azul oscuro*, que describe su ceguera casi total: sólo podía reconocer los colores azul oscuro.

Qué le ha pasado a mis ojos donde está mi vista perfecta
A todos se extiende la impenetrable nube azul
nube azul oscuro

Su amigo el arquitecto František Zelenka decoró esta habitación con un estilo funcional. El visitante puede ver entre otras cosas el piano original del compositor, su biblioteca, su discoteca y algunos de sus efectos personales.

JAROSLAV JEŽEK

Nacido en 1906 en Žižkov (Praga), Jaroslav Ježek sufrió de pequeño un leucoma (manchita blanca en la córnea del ojo). Estudiaba en una escuela para ciegos en Hradčany y era casi sordo también.

Tras estudiar en el Conservatorio de Praga, fue uno de los alumnos con

más talento, se asoció con artistas vanguardistas como Jiří Voskovec y Jan Werich, con quienes formó un trío inmortal: Ježek componía la música mientras que Werich y Voskovec (ver p. 89) escribían los textos. En 1934, pasó a ser miembro del Grupo surrealista en Checoslovaquia.

Tras haber participado activamente en obras de teatro anti nazis de Osvobozené divadlo en enero de 1939 con Voskovec y Werich, emigró a los Estados Unidos donde murió, en 1942, a los 35 años de edad, de una enfermedad renal crónica.

EL ASIENTO Nº 1 DE LA SINAGOGA VIEJA-NUEVA

㉒

Calle Maiselova
• Metro: Staroměstská. Tranvía: 17

Los enigmas del gueto

onstruida en la segunda mitad del siglo XIII bajo el reinado de Přemysl Ottokar II, la sinagoga Vieja-Nueva (Staronová sinagoga) está muy vinculada a la extraordinaria personalidad de Rabbi Löw que fue su rabino.

Dentro, el asiento con el número uno, situado a la derecha del armario donde se guarda la Torá, estaba reservado al Rabbi Löw, cuya memoria se honra absteniéndose de sentarse. Se dice

que el que se siente en dicho asiento morirá ese año. Todos los asientos de las sinagogas datan del siglo XIX.

En el muro trasero de la sinagoga, una escalera metálica lleva a una puerta que da al granero donde está prohibido entrar (ver foto). Cuentan que Rabbi Löw habría depositado en este granero (*geniza*) un Golem al que dejaron inactivo tras haber pronunciado la fórmula cabalística secreta.

Rabbi Löw solía reanimar al Golem introduciendo en su boca el nombre secreto de Dios (*Shem*) pero un día se le olvidó sacar el *Shem* y el Golem aterrorizó al gueto.

LOS ÁNGELES DEL TEMPLO DE SALOMÓN EN JERUSALÉN

Según la leyenda, la sinagoga fue construida por ángeles que trajeron, de Jerusalén, piedras del templo destruido de Salomón, a condición de que las devolvieran si se reconstruía el templo.

El nombre de la sinagoga (en checo *Staronová*, en alemán *alt-neu*) es de hecho una deformación del hebreo *altnai*, que significa "bajo condiciones". Se cuenta que en un incendio del gueto, dos palomas se posaron sobre el tejado de la sinagoga e impidieron que las llamas la tocaran batiendo las alas. Estas palomas habrían sido los susodichos ángeles, disfrazados.

¿POR QUÉ SE CANTAN DOS VECES LOS SALMOS 92 Y 93 EN LA SINAGOGA VIEJA-NUEVA?

Fue cantando los salmos 92 y 93 que dan inicio al Sabbat que Rabbi Löw se dio cuenta de su olvido. Salió de la sinagoga y fue a sacar el *shem* del Golem, ordenando a su regreso que se cantaran de nuevo los salmos como si no hubiera pasado nada. Este acontecimiento originó la repetición del canto de estos dos salmos en la sinagoga Staronová. Esta costumbre litúrgica sigue vigente.

JEHUDA LÖW BEN BECALEL: ¿UN RABINO APASIONADO POR LA CÁBALA Y LA ALQUIMIA?

Nacido en Worms según algunos, en la ciudad polaca de Poznan entre 1512 y 1526 según otros, Rabbi Löw desciende de una influyente familia de rabinos ligada a la dinastía del rey David. Tenía tres hermanos, Chaim, Sinaï y Samson, sabios eminentes como él, y algunos afirmaban que era el pequeño y otros que era el mayor.

Su vida está llena de mitos y leyendas. Muchos de ellos se han hecho populares y son considerados hechos históricos aunque algunos sean difíciles de probar.

Tras haber ocupado la función de rabino en Mikulov en Moravia de 1553 a 1573, se fue a Praga en 1573 donde fundó y dirigió la escuela de Talmud del gueto de Praga. Durante su estancia, ejerció al mismo tiempo como juez y como rabino: se le conoce como el Mahral mi Prag —el Gran Maestro de Praga— y como el creador del Golem.

El 16 de febrero de 1592, conoció al emperador Rodolfo II. Aunque el contenido de su encuentro es una incógnita, algunas fuentes aseguran que hablaron de su pasión común por la alquimia. También le mostró al emperador una lámpara mágica.

Su casa, que estaba en el cruce de las calles Široká y Pařížská fue derruida más tarde, así como muchas otras casas del barrio judío. Su emblema se conserva en el Museo de la Ciudad.

Hacia 1592, Jehuda Löw se convirtió en el gran rabino en Poznan. Según algunos informes de la época, la razón de sus frecuentes mudanzas fueron sus graves problemas con los representantes de la comunidad judía praguense. Volvió, sin embargo, a Praga años más tarde y permaneció allí hasta su muerte en 1609, donde fue enterrado en el antiguo cementerio judío. Reconocido como un gran erudito, mantuvo contactos amistosos con Tycho Brahe y con otras personalidades a las que les atrajo la Praga de Rodolfo II.

Según Gershom Scholem, Rabbi Löw se dedicó también al estudio de la cábala, aunque se le considere el ancestro del judaísmo jasídico cuyas enseñanzas tienen algunas similitudes con los suyos.

Ha dejado varios escritos dedicados principalmente a la ética y a la interpretación del Talmud.

EL GOLEM Y LA CÁBALA HEBREA

Si el ser humano ha soñado desde hace tiempo con crear vida artificialmente, la doctrina judía de la cábala logró crear un homúnculo al que llamó Golem.

Existen incluso, desde el siglo XI, en los libros de Eleazar de Worms, fórmulas para fabricarlo: según la tradición, el Golem es una estatua de barro rojo (*adamaha* en hebreo) a la que se la vida mediante fórmulas mágicas.

Según las versiones, para darle vida a la figura se escribe el nombre secreto de Dios "*Emet/h/*" sobre su frente o en un trozo de papel que se inserta en su boca.

Según la tradición, este *Shem* (abreviatura de "*shem-ha-forash*" – literalmente el "nombre explícito" (de Dios), es decir, los 72 nombres de Dios) tenía que renovarse todos los viernes. Si la palabra se borra o es sustituida por una que signifique muerte, el Golem se convierte en polvo.

Siguiendo con la tradición, un Golem es como un ser amarillo mongoloide imberbe y con los ojos rasgados.

En Praga, según la leyenda, sirvió para proteger el gueto contra los pogromos, y trabajó como sirviente en la sinagoga.

El Golem más famoso fue el que creó Rabbi Juda Löw ben Becalel (ver p. 65) en 1580, cuando los judíos de Praga eran perseguidos, acusados de asesinatos rituales. Rabbi Löw, en un sueño profético, recibió el siguiente mandamiento: "¡Crea el Golem de barro y destruye las ciudades enemigas de Israel!" ("*Ata Bra Golem Hachomer Wetigzar Zedím Divuk Chewel Torfe Israël!*", en hebreo).

Nótese que, conforme a la cábala, las palabras de esta orden empezaban por la primera letra y terminaban por la décima letra del alfabeto hebreo.

Según las antiguas tradiciones, era necesario crear el Golem con barro rojo, con la ayuda de otras dos personas que representaban los elementos individuales: Rabbi (el elemento aire) llamó a su yerno, el sacerdote Ben Isaac Simmson (el fuego), y a su alumno, Ben Jacob Hayyim Sasson (el agua). Juntos, fueron a la fábrica de ladrillos de la ciudad de Košíře donde, con barro local, un ritual mágico sacado de la obra de *Sepher Yezirah* y un *Shem* secreto del Rabbi Löw, dieron vida al Golem.

Según la misma tradición, un día Rabbi Löw se olvidó del *Shem*. El Golem, liberado de sus obligaciones, aterrorizó los alrededores y mató a todos los que se cruzaban con él obligando a Rabbi Löw a destruirlo con la ayuda de sus dos asistentes.

Según una antigua leyenda, el cuerpo del Golem está en el granero de la sinagoga Vieja-Nueva (*geniza*). Según otras fuentes, fue trasladado en secreto a las puertas de la ciudad y enterrado en el cementerio de los apestados (Šibeniční vrch), en la frontera de los actuales distritos de Vinohrady y Žižkov (ver p. 199).

En fin, siguiendo con la tradición, el Golem puede reaparecer cada treinta y tres años.

La palabra "Golem" significa en hebreo lo imperfecto, lo incompleto, que transmite perfectamente la naturaleza oculta del Golem de Praga. Es la criatura creada sin alma.

La palabra también figura en el libro de los Salmos (16 y 139) de la Biblia pero se traduce normalmente por capullo, masa informe, *tropel* (en antiguo checo).

Las especulaciones sobre la creación del ser humano artificial existían también en el hermetismo. Paracelso (*De generatione rerum naturalium*) habla efectivamente de la creación de seres artificiales a partir de esperma humano llamado homúnculo.

RELOJ DEL AYUNTAMIENTO DEL GUETO

Calle Maiselova
• Metro: Staroměstská

> *Un reloj
> que gira
> al revés*

Financiado por el antiguo burgomaestre judío del gueto (Mordechaïm Maisel), el ayuntamiento del gueto (Židovská radnice), en la esquina de las calles Maiselova y Cervená, forma parte del mismo conjunto que la Gran Sinagoga, edificada en 1577. Su reconstrucción al estilo rococó data de 1754.

Sorprendentemente, el edificio tiene dos relojes, uno clásico y el otro, mucho menos: los números tradicionales han sido sustituidos por letras del alfabeto hebreo.

En hebreo, todas las letras tienen un valor numérico y pueden usarse para contar (según un concepto llamado "*guematría*", del griego "geometría"). Cada palabra tiene un "valor" que se obtiene al sumar el valor numérico de cada una de sus letras.

Las correspondencias de las letras y los números son las siguientes: Aleph (1), Beth (2), Gimel (3), Dalet (4) He (5), Vav (6), Zayin (7), Het (8), Tet (9), Yod (10), Yod+Aleph (11) y Yod+Beth (12). De hecho no existe una letra que corresponda a 11, 12 o incluso 13, 14, etc.: para ello se suman varias letras.

Además, al igual que el hebreo se lee de derecha a izquierda y no de izquierda a derecha, las agujas del reloj giran en el sentido inverso de los relojes clásicos.

El reloj hebreo fue diseñado en 1764 por Šebestián Landesberger, relojero real de la Corte de Praga.

LA ESTRELLA DE DAVID: UN SÍMBOLO QUE SE ASOCIÓ A LOS JUDÍOS POR PRIMERA VEZ EN PRAGA

La identificación del judaísmo con la estrella de David empezó en la Edad Media: en 1354 el rey Carlos IV (Karel IV) concedió a la comunidad judía de Praga el privilegio de tener su propia bandera. Los judíos confeccionaron entonces un hexagrama estrellado de oro sobre fondo rojo que se llamó la Bandera del rey David (Maghen David) y se convirtió en el símbolo oficial de las sinagogas de la comunidad judía en general. En el siglo XIX, este símbolo se había extendido por doquier.

Para más información sobre la estrella de David y su simbolismo mágico, ver p. 150.

BAJORRELIEVE DE UN HOMBRE CON BARBA ㉔

Muelle del Moldava bajo el convento de los caballeros de la Cruz
• Metro: Staroměstská. Tranvía: 17

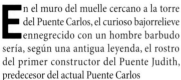

*Un
fluviómetro
medieval*

En el muro del muelle cercano a la torre del Puente Carlos, el curioso bajorrelieve ennegrecido con un hombre barbudo sería, según una antigua leyenda, el rostro del primer constructor del Puente Judith, predecesor del actual Puente Carlos

Originariamente, esta cabeza estaba en el último arco del Puente Judith, muy cerca del pilar.

Los praguenses la llaman Bradáč (el barbudo) por su barba.

Gracias a que está en un lugar estable, esta figura era utilizada a menudo como fluviómetro para medir el nivel de agua del Moldava y el riesgo de inundación, usando las distintas partes del rostro como instrumentos de medida.

Así, en cuanto el agua tocaba las partes inferiores de la barba del Bradáč, el Moldava se desbordaba en poco tiempo y los habitantes de las partes bajas a lo largo del río se mudaban.

Si el agua empezaba a llegar a la boca, las calles del lado de la Ciudad Vieja se inundaban.

Por último, si cubría la cabeza, había que ir a la plaza de la Ciudad Vieja en barca.

Esta escultura de gres es mencionada por primera vez en 1432 en el Viejo Almanaque checo.

OTRAS MARCAS DE INUNDACIONES ANTIGUAS EN PRAGA

Las marcas más antiguas de inundación en Praga están en el convento de los caballeros de la Cruz de la estrella roja (Křižovnický klášter), en la Ciudad Vieja (inundaciones de 1675 y 1890). Cerca, hay otro *Bradáč*, que se usa como fluviómetro desde el siglo XV.

Casa nº 514 en la isla de Kampa, del lado del río Moldava, en Malá Strana: una placa de hierro y una placa de piedra (inundaciones de 1784, 1845 y 1890).

Muro del muelle a unos 5 metros sobre el Most Legií (Puentes de las Legiones), en Malá Strana: marca de inundaciones de 1784, 1845, 1862, 1872 y 1876).

Palacio Clam-Gallas, nº 158/20, calle Husova, en la Ciudad Vieja: inundación en marzo y octubre de 1845.

Pilares del viaducto de las vías férreas, calle Podbaská, en Praga 6: inundaciones de 1876, 1890 y 1896.

ESTATUA VĚŽNÍK

Staroměstská věž Karlova mostu
- Horario: Octubre y marzo: todos los días de 10 a 20 h. Noviembre –
febrero: todos los días de 10 a 18h. Abril – septiembre: todos los días de
10 a 22 h
- Metro: Staroměstská. Tranvía: 17, 18; Parada: Karlovy lázně

**" Quasimodo
de Praga**

Escondida en lo alto de las escaleras de la torre del Puente Carlos, del lado de la Ciudad Vieja, la estatua *Věžník* (el guardián de la torre) es probablemente la estatua más extraordinaria de Praga.

Representa a un anciano con una enorme joroba que le ha valido el apodo de "Quasimodo de Praga". La arenisca de la que está hecha se ha erosionado y, en una flexión, el jorobado levanta su túnica y descubre su pierna derecha. De su cintura cuelga un cuchillo enfundado.

Según algunos historiadores, se trataría de una especie de broma con la que el rey Venceslao IV reaccionó contra la solemnidad de la simbología de las estatuas colocadas por orden de su padre (Carlos IV) en esta misma torre. Hay que recordar en efecto que al principio la estatua podía ser vista por todos: miraba desde arriba, con sus majestuosos rasgos, la comitiva de la coronación. La escondieron debajo del techo cuando la restauraron a finales del siglo XIX.

El historiador del hermetismo René Alleau dio otra explicación de esta estatua: constató que el característico gesto de la pierna y la rodilla al descubierto es un símbolo hermético de la cofradía del "grupo de los Locos", fundada en Clèves en 1380.

Según Alleau, este símbolo indicaría "la sabiduría hermética oculta bajo una aparente locura, basada en el estudio de dos mundos, el celeste y el terrenal, siendo la rodilla el emblema de su unión."

El guardián jorobado de la torre, también una probable alusión al Atlas que carga la bóveda celeste, simboliza no sólo la unión de ambos mundos, sino además su posible división, representada aquí por el cuchillo. Es uno de los documentos más auténticos del esoterismo medieval en la República Checa.

LOS SECRETOS DEL PUENTE CARLOS

Museo del Puente Carlos, Plaza Křížovnické 3
• Metro: Staroměstská. Tranvía: 12, 17 o 22

> *El Puente Carlos: el vínculo del camino real*

El nombre de los arcos del Puente Carlos, la relación que existe entre ellos, su longitud total y su orientación no son producto del azar.

Así, el puente va, según su diseño principal, de este a oeste, en dirección al camino real y a su significado a la vez exotérico y esotérico (ver p. 16).

La longitud del Puente Carlos es de 515 metros: es también la distancia entre las 44 pequeñas capillas que bordean el camino que va de Praga a Stará Boleslav, donde san Venceslao fue asesinado. De hecho, por este puente trasladaron sus reliquias, de Stará Boleslav al Castillo de Praga, el 4 de marzo de 932 (o 938 según otras fuentes).

Aunque originalmente el puente carecía de decoraciones, bajo el gobierno de Carlos IV se colocaron varias cruces. Desde entonces han sido reemplazadas varias veces.

Más tarde, bajo la cruz con el Cristo, se colocó una inscripción en hebreo alabando a Dios. Según la leyenda, fue una orden del tribunal real en 1696 tras condenar a un judío por burlarse de la cruz.

En el siglo XVII, 30 estatuas de estilo esencialmente barroco fueron colocadas progresivamente sobre los parapetos del puente. Representan una extraordinaria galería de santos con la que están relacionadas muchas leyendas. Cabe destacar que casi todas miran al oeste, en dirección al camino real y a su objetivo esotérico: el trabajo espiritual santificará a cada uno de nosotros en el camino del oro filosofal y de la iluminación espiritual.

Por orden del rey Venceslao IV, Juan Nepomuceno (Jan Nepomucký), canonizado más tarde, fue arrojado del Puente Carlos por haberse negado a traicionar el secreto de confesión de la reina Sophie. Se cuenta que el pilar del puente situado donde el religioso fue arrojado al río se derrumbó después. Se pensó que había sido obra del diablo. La leyenda añade que el arquitecto a quien se encomendó la restauración del puente hizo un pacto con el diablo, prometiéndole el alma de la primera persona que cruzara el puente. Esta persona no fue otra que la esposa del arquitecto.

Según la leyenda, uno de los pilares del puente guardaría un tesoro, escondido ahí por uno de los monjes templarios cuando desapareció la orden. Contendría también un martillo de masón usado en la construcción de la torre de Babel, así como un gran cristal de roca que formaba parte de la corona de Salomón. El tesoro será hallado, dicen, cuando se instaure el reino de Cristo en la tierra.

EL PALÍNDROMO DEL PUENTE CARLOS: 135797531

El momento elegido para iniciar la construcción del Puente Carlos en 1357 es bastante excepcional: tras consultar al matemático Havel de Strahov para determinar el mejor momento para empezar a construir el puente de piedra, Carlos IV escogió el 9 de julio de 1357 (calendario juliano), a las 5.31 h de la mañana. Esta fecha permitía en efecto crear un extraordinario palíndromo numeral:

1357, el 9 de julio (7º mes), a las 5 horas 31 minutos de la mañana daba el número 135797531 que podía leerse en ambos sentidos y que estaba formado además por todos los dígitos de números primos (que no se dividen) en una sola cifra, además del 9.

La suma de los números del año de inicio de la construcción del puente (1+3+5+7+9) es la misma que la cantidad de arcos del puente (16).

Es interesante observar que, al parecer, se descubrió un palíndromo textual en la torre del Puente Carlos del lado de la Ciudad Vieja. Se cree que sirvió de supuesta "trampa mágica" como la de la torre del ayuntamiento de la Ciudad Nueva (ver p. 96).

EL PUENTE CARLOS Y LA ASTROLOGÍA

Cuando se empezó a construir el puente, el 9 de julio de 1357 (ver más arriba), todos los planetas conocidos en aquella época, salvo Marte, estaban en la posición astrológica más favorable, sobre el horizonte (Marte es un símbolo de grandes hazañas, pero también de guerra).

Marte y la Luna estaban además en el signo de Cáncer y de Piscis, por lo tanto en los signos de agua del zodíaco, un aspecto evidentemente favorable para iniciar la construcción de un puente sobre un río. El Sol estaba en el signo de Leo, una posición que en la época era considerada un buen presagio ya que la influencia negativa de Saturno era compensada por la acción positiva del Sol.

SIMBOLISMO DE LA ESTATUA DE SAN CRISTÓBAL

㉗

Puente Carlos
• Metro: Staroměstská

> *San Cristóbal, portador de Cristo y del oro alquímico*

A unque el Puente Carlos es el vector del supuesto camino real que conduce al castillo y que tomaba el cortejo del coronamiento del nuevo rey, también es el camino del proceso alquímico que lleva a la elaboración de la piedra filosofal (ver p. 16).

Casi en medio del río, el sexto pilar del puente, a la izquierda, era una garita. Hoy alberga la estatua de san Cristóbal, obra del escultor E. Max, que fue colocada aquí a mediados del siglo XIX. Es la única estatua del Puente Carlos que dirige sus pasos hacia el oeste.

En la topografía hermética del camino real praguense "el oro joven" (en su sentido alquímico) nació en el margen derecho del río Moldava (al este), en medio de la Ciudad Vieja y necesitaba un portador que pudiera transportar al "niño rey" (Jesús, alias el oro alquímico) al otro lado del río. Aunque la estatua de san Cristóbal fue la última en ser colocada en el Puente Carlos, sigue perteneciendo al concepto esotérico del camino real praguense y es la prueba de que al ubicar objetos relativamente recientes, se puede inconscientemente considerar el significado exacto hermético del entorno y que estos obedezcan a la omnipotencia del espíritu protector del lugar (*genius loci*).

LA LEYENDA DE SAN CRISTÓBAL, EL PORTADOR DE CRISTO

Según la leyenda de Cristóbal, transcrita por Santiago de la Vorágine en la *Leyenda dorada*, Offerus, gigante pagano, decidió servir al rey más grande del país. Atrapado en las garras del diablo, el rey se libró haciendo la señal de la cruz, y Offerus estimó con este acto que el rey era más poderoso que el diablo. Un día, mientras ayudaba a unos viajeros a cruzar el río, conoció al joven Cristo. Este le bautizó como Offerus y le dio el nombre de Cristóbal, es decir, "portador de Cristo" (*Christo-foros*, en griego).

Esta leyenda fue contada durante mucho tiempo, sobre todo por los hermetistas, por la homofonía del nombre Christos con la palabra griega *Chrysos*, que significa oro. Convertido en santo, para los alquimistas representa el portador de oro, *Chrysoforos*.

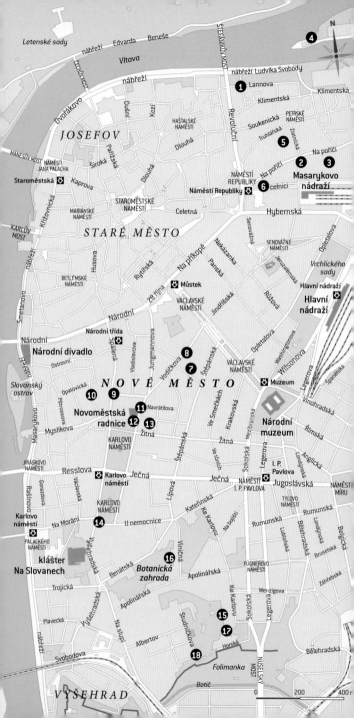

NOVÉ MĚSTO

EL MUSEO DE CORREOS ❶

Calle Novomlýnská 2
- Tel: +420 222 312 006
- Horario: de martes a domingo de 9 a 12 h y de 13 a 17 h. Cerrado el lunes
- Tranvía: 5, 8, 14, 26; Parada: Dlouhá třída

Sellos en un molino

Con sus ricas colecciones de sellos checos y mundiales, el Museo de Correos (Poštovní muzeum) está situado en un antiguo molino, el único ejemplar de los antiguos molinos de Praga que, por su extraordinario interior de estilo neorrococó, se salvó de ser destruido.

Este edificio, también conocido como Vávrův mlýn (molino Vávra), reconstruido en estilo barroco y clásico sobre sus cimientos renacentistas, alberga fabulosos frescos que constituyen el principal atractivo de este interior de estilo Biedermeier. En 1847 el molinero V. Michalovic pidió a su amigo, el célebre pintor checo Josef Navrátil, que decorara el interior de su casa.

En la actualidad, se pueden visitar el comedor, que tiene un enorme bodegón con un bogavante, y varias salas excepcionales decoradas entre otras cosas con paisajes alpinos y con figuras de obras de teatro y de óperas célebres de la época.

En el salón, la estufa de cerámica original también ha sido fabricada según los planos de Josef Navrátil.

SIMBOLISMO DE LA CASA «DEL SOL DORADO» ❷

Calle Na Poříčí 22
• Tranvía: 3, 8, 24; Parada: Bílá labuť

*Sobre
el camino
del féretro
de san Venceslao*

Reconstruida a principios del siglo XIX en estilo clásico, la casa "Del sol dorado" debe su nombre a los dos soles que figuran en el frontón triangular y en la clave de la dovela del portal.

Estos nos recuerdan que estamos sobre el camino que recorrió el féretro de san Venceslao (Václav) en su entierro. Este camino, que sale de Stará Boleslav, al este de la capital, y termina en Praga, fue un camino de peregrinación importante.

Monarca checo y duque de Bohemia, san Venceslao (nacido sobre el año 907 y fallecido en 927 o 935) es el patrono de Bohemia.

En este sentido, en el contexto mitológico checo, fue asociado al sol por sus atributos clásicos de fuerza, vigor y poder, pero también porque, al igual que el sol da la vida, Venceslao creó la nación checa.

EDIFICIO DE LA LEGIOBANKA ❸

Calle Na Poříčí 24
• Tranvía: 3, 8, 24; Parada: Bílá labuť

Una especialidad arquitectónica checa: el "rondocubismo"

El edificio de la Legiobanka es un ejemplo espectacular del estilo típicamente checo conocido como "rondocubismo" (y a veces también "estilo nacional" o "cubismo redondo"): los ángulos cubistas originales, así como los cubos y las pirámides, han sido redondeados siguiendo la tradición eslava. Desde su origen, fue objeto de virulentas críticas por parte de los teóricos de la arquitectura.

Construido para el banco de ayuda a los legionarios checoslovacos en Rusia y Francia creado en 1919 (para que pudieran depositar el excedente de su sueldo), el edificio es obra del arquitecto Josef Gočár y de sus amigos y artistas Jan Štursa (autor de cuatro esculturas de legionarios ubicadas en lo alto de los pilares de la entrada central), Otto Gutfreund (que realizó, en el parapeto de la segunda planta, el relieve en gres con temas de batallas y el regreso de las

legiones) y František Kysela, autor de la vidriera en forma de flor de tres pétalos situada encima del vestíbulo del banco. Este también es el autor de los cuadros que decoran el banco. La decoración original se ha conservado perfectamente en las salas de espera de la primera planta.

El mobiliario del banco también se fabricó siguiendo los bosquejos de Josef Gočár.

Después de la Segunda Guerra Mundial, la Legiobanka fue nacionalizada y se fusionó con el Banco de Comercio checoslovaco. El edificio fue ampliado en 1991.

La casa, que se construyó a mediados del siglo XIX y fue derribada en los años 30 para dejar sitio a la Legiobanka, albergó el célebre primer cabaret praguense "U Bucků" y una cervecería con el mismo nombre.

LA TURBINA DE LA CENTRAL ELÉCTRICA ❹

Isla de Štvanice
• Metro: Vltavská. Tranvía: 1, 3, 5, 25; Parada: Vltavská

Un vestigio
industrial
discreto

Al final de la punta más larga de la isla de Štvanice, un objeto aparentemente raro descansa sobre un zócalo de hormigón. Construida en 1913, la central hidráulica modernista instalada en la isla fue reformada en los años 80: en aquella ocasión, se instalaron turbinas más potentes y trasladaron a modo de recuerdo una antigua turbina a la punta sur de la isla.

La central fue una de las primeras construcciones de hormigón de Praga.

PRAGA INSÓLITA Y SECRETA   83

SIMBOLISMO DE LA CASA "DEL NAVÍO DE ORO" ⑤

Calle Zlatnická 7
• Tranvía: 3, 5, 14, 24, 26; Parada: Masarykovo nádraží

Una travesía un poco particular

Sobre la casa "U zlaté lodi" (Del navío de oro), pasa desapercibido el frontón semicircular que muestra a un marinero cubierto con un sombrero en su barco junto a un ancla y un pequeño tonel.

A la izquierda del frontón, una estatua representa a Mercurio con un casco, un caduceo y sandalias aladas, y a la derecha la Fortuna sostiene un cuerno de la abundancia en sus manos.

Si a primera vista, la escena representa una alegoría y una celebración de las manifestaciones de la incipiente burguesía, un análisis minucioso (considerando el contexto general de la ciudad, ver p.16), de la orientación del frontón en la topografía de Praga, del trayecto del navío que va de izquierda a derecha y del marinero piloto que fija un punto situado al norte, ahí donde está la estrella Polar, deja entrever que tal vez existe otro sentido oculto.

Los alquimistas ocultan a menudo su tema bajo el nombre del navío, llamado también embarcación, que tiene el doble sentido de navío pero también de recipiente y de herramienta de trabajo.

Navegar siguiendo la estrella Polar (*Cynosura única*) era el objetivo de todo alquimista, para evitar que el barco cayera en las peligrosas aguas del norte y naufragara (*Naufragio philosophorum*).

Según la leyenda, la zona que rodea al polo era el hábitat de la rémora (Echeneis), un pez singular que, dicen, tiene el poder de calmar la tormenta y de suavizar el oleaje.

Para los alquimistas, este pez, a veces representado como un delfín, era el asistente de Mercurio que los ayudaba en sus viajes. Para ellos era un navegante experimentado, la primera referencia esencial en el mar agitado, "piloto de la onda viva" como lo describía Mathurin Eyquem du Martineau, autor del libro con el mismo título.

El ancla es un antiguo símbolo de esperanza, que puede detener los navíos, y, cuando el delfín heráldico está enrollado a su alrededor, puede calmar las tempestades como la rémora.

La escena marítima del frontón está además adornada con estatuas de protectores de esta navegación filosófica: Hermes, dios de los viajeros pero también padre de la obra alquímica, que dio su nombre al hermetismo, y Fortuna, diosa del azar y de la suerte, símbolo de realización futura, cuyo atributos son la rueda, la esfera, el timón, la proa del navío (que se dirige hacia ella, en el frontón) y el cuerno de la abundancia, que sostiene en sus brazos.

La flor del cielo, que sale del cuerno de la abundancia, representa la materialización del espíritu mineral y muestra que el dueño de esta casa era un alquimista experimentado.

ASCENSOR PATERNOSTER DEL PALACIO YMCA ❻

Calle Na Poříčí 12
• Tranvía: 3, 8, 24; Parada Bílá labuť

Al llegar a la última planta, el ascensor no se para...

Construido en 1928 por el arquitecto E. Hnilička, el palacio YMCA tiene uno de los ascensores "paternoster" mejor conservados de Praga.

El principio de estos ascensores un poco especiales es sencillo: no hay puertas ni paradas, se coge el ascensor "al vuelo"... A la derecha para subir, a la izquierda para bajar. La primera reacción, teórica, es divertida: no hace falta esperar largos minutos sin saber lo que ocurre unas plantas más arriba. En la práctica puede resultar desconcertante. A pesar de su conveniente lentitud, este tipo de funcionamiento aturde a algunas personas. Bien es cierto que más vale no demorarse mucho en subir cuando el ascensor pasa delante so pena de tener que volver a esperar turno.

Aunque tampoco es para tanto. En cuanto pasa el efecto sorpresa, todo va sobre ruedas.

Cuando visite el edificio, pídale amablemente al portero que le deje descubrirlo.

¿POR QUÉ SE LLAMA "PATERNOSTER"?

El nombre de este mítico ascensor proviene de su sistema de funcionamiento: el movimiento de las cabinas, suspendidas de dos cadenas tiradas por poleas dentadas, evoca las cuentas del rosario cuando se recita el Padre Nuestro ("Pater Noster", en latín).

Un paternoster es un ascensor que consiste en una cadena de cabinas suspendidas las unas sobre las otras, sujetas por cadenas que giran continuamente, y en las que los pasajeros suben o bajan sin que el ascensor se detenga. Al llegar arriba del todo, las cabinas vuelven a bajar para retomar su ascenso, sin fin, en un movimiento bastante lento.

Inventados en 1877 por Frederick Hart (el primer paternoster se instaló en el condado de Kent, en Inglaterra), los paternoster se han extendido por toda Europa, y en particular por Europa del Este.

Al principio fueron todo un éxito porque transportaban más personas por unidad de tiempo que los ascensores clásicos y porque con sus 15 cm/sec eran más rápidos que las escaleras mecánicas.

Estos ascensores están en vías de desaparecer en la actualidad por su alto riesgo de accidentes (5 personas habrían fallecido entre 1970 y 1993 y un hombre de 81 años murió en 2012) y también porque si la velocidad de los paternoster es limitada por definición (los pasajeros tienen que poder bajar), los ascensores clásicos se han modernizado mucho: hoy, las cabinas de los ascensores de Mitsubishi en Yokohama van a 45 km/h... (nueve veces más rápido que un paternoster).

LOS PATERNOSTER DE PRAGA ABIERTOS AL PÚBLICO:

El primer paternoster se instaló en Praga en 1911 en el nuevo Ayuntamiento de Praga.

En la actualidad, el ascensor más antiguo con este tipo en funcionamiento está en el edificio de la radio checa, en Vinohrady. De los 110 ascensores que hay en la República Checa, unos 70 siguen funcionando. Estos son los que quedan en Praga y que están abiertos al público:

Palacio YMCA, calle Na Poříčí 12, Praha 1

Edificio Dopravní podniky, calle Bubenskà 1, Praha 7

Palacio Lucerna, calle Štěpánská 61, Praha 1

Palacio U Nováků, calle Vodičkova 28, 30, calle V Jámě 1, 3, 5, Praha 1

Palacio de Petzek, calle Politických vězňů 20, Praha 1

Ayuntamiento Praha 7, muelle Kapitána Jaroše 1000/7, Praha 7

Casa de "Družstevní asociace", Těšnov 5, Praha 1

Facultad de Derecho, plaza Curie 7, Praha 1

Ayuntamiento Praha 1, calle Vodičkova 18, Praha 1

Agencia tributaria, calle Štěpánská 28, Praha 1

Palacio Dunaj, calle Národni 10, Praha 1

Nuevo Ayuntamiento, Ayuntamiento de Praga, Mariánské náměstí 2, Praha 1

Palais Škoda, Ayuntamiento de Prague, calle Jungmannova 35, Praha 1

OSVOBOZENÉ DIVADLO

VOSKOVEC & WERICH

← DENNĚ

PO DIVADLE KONCERT

V GRANDKAVÁRNĚ

←

LA PUBLICIDAD MURAL DE V+W

Palacio U Nováků
Calle V Jámě

L a fachada del palacio U Nováků que da a la calle V Jámě está cubierta con una llamativa publicidad antigua de los actores J. Voskovec y J. Werich y de su compañía "Osvobozené divadlo". Al parecer, su autor fue F. Zelinka, el escenógrafo de este teatro.

> *Un recuerdo del Teatro Liberado*

EL TEATRO LIBERADO Y V+W

A finales de 1925, la asociación de artistas y de arquitectos Devětsil fundó una sección teatral vanguardista en Praga denominada "Osvobozene divadlo" (el Teatro liberado), tal como la llamó J. Frejka.

Influenciado por el dadaísmo, el futurismo y luego el poetismo, y fuertemente orientado a la izquierda, este grupo, dirigido por J. Frejka, J. Honzl y E. F. Burian, tenía como fin criticar la sociedad burguesa.

A lo largo de su existencia, el grupo representó obras de G. Apollinaire, A. Jarry, J. Cocteau, A. Breton, F. T. Marinetti y V. Nezval.

Cuando el teatro se trasladó a la casa U Nováků en 1930 la pareja de cómicos Jiři Voskovec y Jan Werich (V+W por Voskovec + Werlich) se unió al grupo, al que no tardó en unirse también J. Ježek, que compuso la música de sus textos, y J. Honzl, cineasta vanguardista que los dirigió.

Hasta 1932, sus textos aludían a las condiciones sociales en la Checoslovaquia de aquel entonces y en el mundo. El dúo V+W era la estrella del escenario con máscaras inspiradas en los hermanos Fratellini y su humor en el de Charlie Chaplin.

Poco antes de la Segunda Guerra Mundial, ambos cómicos tuvieron bastantes altercados con la censura y al final se vieron obligados a emigrar

a los Estados Unidos.

Son famosos sobre todo por sus "Forbina" (de alemán *Vorbuhne*, proscenio), diálogos improvisados sobre la actualidad política y cultural.

Después de la Segunda Guerra Mundial, el Teatro liberado no logró retomar su actividad.

LA RANA DEL PALACIO U NOVÁKŮ ❽

Calle Vodičkova 28
Calle V Jámě 1, 3, 5
• Metro: Můstek. Tranvía: 3, 9, 14, 24; Parada: Václavské náměstí

*La leyenda
de la rana rey*

Construido entre 1901 y 1904 por el arquitecto O. Polívka, el palacio U Nováků, de estilo modernista, está decorado con increíbles elementos vegetales y con fantásticos mosaicos diseñados por el pintor simbolista Jan Preisler.

Bajo las ventanas de la segunda planta destacan las estatuas de dos batracios con coronas de oro y pañuelos de lino rojo que son una referencia a la vieja leyenda eslava del rey rana.

Según esta leyenda, uno se podía llevar la corona mágica del batracio cuando este la dejaba en el suelo sobre un pañuelo de lino rojo antes de meterse en el agua. A condición de no mirar atrás, el ladrón podía llevársela sin correr peligro.

Una leyenda análoga cuenta la historia de la corona del rey serpiente. Está ilustrada bajo las ventanas de la primera planta del palacio.

En el sótano se encuentra la sala de teatro "ABC" donde la compañía "Osvobozené divadlo" (y sus famosas actores Jiří Voskovec y Jan Werich) actuaba en los años 30 (ver doble página anterior).

LA AUREOLA CUBISTA DE LA ESTATUA DE JUAN NEPOMUCENO

⑨

Cerca de la iglesia de Nejsvětější Trojice, calle Spálená
• Metro: Národní třída. Tranvía 3, 9, 14, 22, 24; Parada: Lazarská

Situada entre la iglesia barroca de Nejsvětější Trojice (Santa Trinidad) y el palacio Diamant (precubista), la estatua de Juan Nepomuceno, obra del escultor barroco M.V. Jäckel, tiene una sorprendente aureola cubista diseñada por A. Pfeiffer en 1913.

El santo de la aureola cubista

Construida en 1713 por el arquitecto O. Broggio, la iglesia de la Santa Trinidad, que pertenecía en su origen al monasterio de la Trinidad (ver más abajo), forma parte de la Iglesia católica griega y es la sede de los católicos eslovacos de rito griego-ortodoxo en Praga.

El palacio Diamant, construido entre 1912 y 1913 en un estilo precubista por los arquitectos E. Blecha y E. Králíček en el emplazamiento del antiguo monasterio de la Trinidad, en la esquina de las calle Spálená y Lazarská, recibe su nombre de la decoración cubista, tanto interior como exterior, que se conserva casi en su totalidad.

Las cinco prominencias puntiagudas del pequeño tejado de cobre recuerdan las cinco estrellas que rodean la cabeza del santo (ver p.131).

EL EMBLEMA DEL PALACIO U BISKUPSKE ČEPICE ⑩

Calle Opatovická 20

• Metro: Národní třída. Tranvía: 3, 9, 14, 24; Parada: Lazarská. Tranvía: 14; Parada: Myslíkova

> *¿El símbolo de un orden masónico secreto, según G. Meyrink?*

Sobre la puerta de entrada del palacio que antaño perteneció al abad de un monasterio de Praga, en el ángulo de la calle Opatovícká, se distingue un escudo formado por un unicornio y una cabeza de jabalí y coronado con una mitra. Este escudo muestra el equilibrio entre la animalidad, la virilidad y las fuerzas del mal representadas por la cabeza de jabalí y la humildad, la virginidad y la pureza, representadas por el unicornio.

Gustav Meyrink, en algunos de sus cuentos, atribuye un significado importante a este palacio y a su escudo. En su cuento *Praga invisible*, dice: "Cuando llegué a la calle Opatovícká, vi en el portal de una respetable casa patricia, un signo tallado en la piedra que había pertenecido a los Sath-Bhai – hermanos asiáticos– y coronado con una mitra."

En el cuento *El loro blanco del doctor* Haselmayer evoca de nuevo este palacio y su escudo: "El símbolo de piedra, visible en la parte de arriba del portal, muestra los símbolos y los signos de la antigua orden asiática de los Sath-Bhai, desaparecida, según lo escrito en los libros, hacia siglos: el jabalí, siete pájaros con los picos cruzados, etc. La mitra, colocada más tarde en la parte alta del escudo, esconde el secreto de su origen."

Gustav Meyrink resucita de este modo una antigua leyenda masona relacionada con la orden secreta de los Sath-Bhai u orden de los hermanos asiáticos. Según esta leyenda, siete monjes de esta orden procedentes de Allahabad (India) habían establecido aquí algunas sedes llamadas *prah* ("umbral" en sánscrito antiguo). Al haberse instalado también en Bohemia, la palabra sánscrita prah dio origen al nombre de la ciudad de Praha (Praga en checo), un lugar de paso entre el mundo visible e invisible.

La *Praga invisible* de Gustav Meyrink es en realidad una visión poética, resultado en parte de su conversión al budismo en los últimos años de su vida: el símbolo que describe es pues el del monasterio de Svatý Jan pod Skalou, cerca del pueblo de Beroun.

Lleva la inscripción AASJ (Aedes Abbatis Sancti Joannis o abadía de San Juan), data de 1719 y representa probablemente el blasón del abad E. Koterovsky (1695-1742) que reconstruyó este palacio.

GUSTAV MEYRINK

Gustav Meyrink, de apellido verdadero Meyer (1868-1932), fue un escritor de lengua alemana que encontraba su inspiración en la atmósfera de la Ciudad Vieja de Praga, principalmente del gueto.

Nacido en Viena, vivió en Praga a partir de 1884 donde abrió un banco gracias al dinero que heredó de su padre, y a la vez se reunía con frecuencia con los neorrománticos alemanes y checos de la época.

Gustav Meyrink era un espíritu inquieto que había vivido con dificultad el trágico suicidio de su hijo Hano y huía constantemente de la miseria que lo perseguía debido al fracaso de su producción literaria.

Durante su estancia en Praga, agotado por los incesantes conflictos, Meyrink pensó en suicidarse y en el momento de cargar su *Browning* española alguien deslizó unos papeles por debajo de su puerta. Pospuso su suicidio y hojeó los folletos de literatura oculta de la que era un apasionado.

En 1891, fue cofundador y presidente de la logia esotérica "En la estrella azul" a la que también pertenecieron personalidades místicas praguenses como K. Weinfurter o los escritores J. Zeyer y E. de Lešehrad.

La logia se reunía en su apartamento del palacio Schwerts-Wallis, en el 10 de Narodni třida, donde residió hasta 1929.

Se interesó por las ciencias de Oriente, el ocultismo y la historia de las sectas, órdenes y sociedades secretas.

En 1904, víctima de la hostilidad de los praguenses y de los hostigamientos policiales a raíz de falsas acusaciones de fraude bancario pero también por el contenido de sus cuentos irónicos y por su antimilitarismo, decidió abandonar Praga definitivamente.

Se detuvo en Viena, Munich y Montreux, y acabó sus días en Starnberg, Alemania.

Es el autor de folletines, cuentos y ensayos, como *El Golem*, *El dominicano blanco*, *La noche de Walpurgis*, *El rostro verde* o *El ángel de la ventana de Occidente*, que traducen su admiración por la vieja Praga.

E T A L O N

BY VALA MIRNÁ MÍRA
PRAŽSKÉHO LOKTE Z VNĚJŠÍ STĚNY
JENŽ BYL STANOVEN ZA ...S ...KRÁLE...
ŠTAKARA III V ROCE 1268 ...EN ...MM...
... ZDE JI MOHLI KUPCI CEJCHOVAT
IDR JE ČÍM ENOVATI SE ... EVENI LOKTE
BYL ZDE ZAZDĚN ...PROTO ...BY KAŽDÝ
MAJE K TOMU PŘÍSTUP MOHL NA JISTOU
MÍRU TOHO LOKTE PRAŽSKÉHO SOBĚ
VZÍTI MOHL

LA UNIDAD DEL CODO PRAGUENSE

Ayuntamiento de la Ciudad Nueva
Karlovo náměstí 23
Calle Vodičkova 1
• Metro: Karlovo náměstí. Tranvía: 3, 6, 18, 21, 22, 24; Parada: Karlovo
náměstí

*La unidad
de medida
hasta 1765*

E n el muro del Ayuntamiento de la
Ciudad Nueva, calle Vodičkova, hay una
lámina metálica en posición vertical.

Tal y como lo explica la placa que está justo
debajo, esta lámina es en realidad la unidad
de medida de un codo, una medida típicamente praguense (591, 4 mm de
longitud), que permitía medir con exactitud y sin riesgo de discusiones el
tamaño de las mercancías.

Introducida como unidad de medida por el rey Přemysl Otakar II en 1268,
el codo praguense se utilizó hasta enero de 1765, fecha en la que la emperatriz
María Teresa ordenó que se utilizara el codo vienés, norma de Baja Austria.

LA DEFINICIÓN DEL METRO DESDE 1791

Hoy es difícil imaginarlo, pero hasta hace poco más de 200 años la palabra
metro no existía. No había una medida estándar para calcular las distancias;
se utilizaban sólo las manos, los pies o sistemas de medición autóctonos.
En 1790 la Asamblea Nacional Francesa propuso un patrón de medición
universal que se basara en la naturaleza para poder ser aceptada en todas las
naciones. La medida elegida fue la diezmillonésima parte del cuadrante de un
meridiano terrestre, y la palabra para nombrarla: "metro" (del griego metron,
que significa medida). Al ver que resultaría imposible medir un cuarto de
meridiano, la solución fue medir un trozo y calcular matemáticamente el valor
del total. El arco de meridiano elegido fue el comprendido entre Dunkerque
y Barcelona. Después de varios años de trabajo, en 1799 se construyó una
barra de platino rectangular. Hoy esta barra es considerada un símbolo (ya
no muy exacto) y se conserva, a cero grados centígrados, en el museo de
Pesos y Medidas de París. Tras establecer el primer metro estándar, 17 países
firmaron en 1875 la Convención del Metro. En 1899, la Conferencia General de
Pesos y Medidas diseñó un metro a partir de una aleación de platino e iridio,
que prácticamente no variaba de longitud. Mas tarde, con la tecnología láser,
la misma institución internacional estableció la definición del metro como
1,650,765.63 ondas de radiaciones naranjas emitidas por el krypton 86.
En España, el patrón metro se adoptó como medida oficial en 1848.

EL PALÍNDROMO DEL AYUNTAMIENTO

Ayuntamiento de la Ciudad Nueva

Una trampa mágica

En medio del muro sur del Ayuntamiento de la Ciudad Nueva (a unos 2,5 metros del suelo) hay dos frases esculpidas casi ilegibles:

«SIGNATESIGNATEMEREMETANGISETANGIS
ROMATIBISUBITOMOTIBUSIBITAMOR»
WENCESLAVS I

La frase puede traducirse así: *"Apareces como constelación (del cielo), Roma, me tocas y me deseas en vano,*
Mas por los movimientos (de las estrellas), llegará de repente el amor para ti"

Lo sorprendente es que esta frase es también un increíble doble palíndromo en el que las dos frases pueden leerse indistintamente del derecho y del revés.

Según la leyenda, el maligno se habría acercado un día al ayuntamiento con la intención de destruirlo pero le habría cansado tanto leer el interminable palíndromo, que tuvo que renunciar a su intención primera: el palíndromo sirvió de trampa mágica contra el diablo al dejarle literalmente dando vueltas.

Según otra interpretación, sin duda la más cercana a la realidad, la frase aludiría a las ejecuciones que se llevaron a cabo en el Ayuntamiento: la mayor parte del tiempo dejaban al condenado rezar una oración y besar la cruz, lo que explicaría la inscripción traducida como: "Santíguate, santíguate, en vano me tocas, de Roma una ayuda rápida para ti llegará".

Esta inscripción figura también en la torre del Puente Carlos del lado de Ciudad Vieja y tiene el mismo objetivo (ver p.75).

EN LOS ALREDEDORES:

LA CADENA DE LA PUERTA DEL AYUNTAMIENTO

Cerca de la unidad de medida del codo praguense, hay una cadena fijada al muro.

Es el vestigio de la cadena con la que se cerraba la calle Vodičkova (como otras calles medievales de Praga) y se separaba el Ayuntamiento de la plaza de la Ciudad Nueva.

LOS FRESCOS ALQUÍMICOS DE LA CASA DE FAUSTO ⑭

Karlovo náměstí 40
• Metro: Karlovo náměstí. Tranvía: 3, 6, 18, 21, 22, 24; Parada: Karlovo náměstí o Moráň

En la planta baja de la torre situada en la esquina de la antigua casa de Fausto (ver más abajo), que hoy forma parte del Club Universitario, hay frescos del Renacimiento en los que se pueden ver recipientes alquímicos (mortero y crisol). Probablemente en este espacio de la casa se hacían los experimentos alquímicos.

Una casa misteriosa

A principios del siglo XV, se demostró de hecho que los duques de Opava realizaron experimentos de alquimia en su palacio, construido probablemente a finales del siglo XIII, donde hoy está la casa.

En 1590, Edward Kelley, aventurero inglés y alquimista en la corte del emperador Rodolfo II, la compró y, en 1721, Antonín Mladora de Solopysky realizó en ella experimentos químicos. Su hijo Joseph, experto en mecánica, prosiguió con su obra. Los Mladota fabricaron y vendieron un preparado supuestamente milagroso obtenido a partir del esquisto de Hradčany. Quienes visitaron la casa en aquella época quedaron impresionados por las estatuillas, las escaleras móviles y los sonidos misteriosos que surgían de ninguna parte.

El doctor Karel Jaenig, vicario de la iglesia vecina de San Jan Na Skalce, que vivió en ella a principios del siglo XX, contribuyó probablemente a exagerar la leyenda de esta casa. Se cuenta que coleccionaba todo lo relacionado con la muerte y los restos de horcas y que dormía en un ataúd.

¿UN AGUJERO POR EL QUE MEFISTÓFELES ARRASTRÓ A FAUSTO AL INFIERNO?

Según la leyenda, la casa de Karlovo náměstí 40 era una de las casas del famoso doctor Fausto (ver siguiente doble página).

En el enlucido de la bóveda de la habitación de la segunda planta, en la torre que hace esquina, unos estigmas inexplicables (un agujero y unas manchas) dejaron suponer antaño que al vencer el contrato sellado entre Fausto y el diablo, Mefistófeles lo arrastró al Infierno a través del tejado. Sorprendentemente, durante el ataque aéreo angloamericano del 14 de febrero de 1945, una bomba atravesó la casa justo en el mismo sitio pero en sentido inverso: del tejado al sótano, sin explotar. Se cuenta que fueron los siete gatos, antaño emparedados vivos, los que protegieron la casa de la destrucción total. De hecho, sus esqueletos fueron hallados en estos muros. Después de la Segunda Guerra Mundial, la casa fue totalmente reformada, y hoy ya no hay rastro de las manchas ni de los agujeros.

Según otra leyenda, unos subterráneos secretos comunicaban la casa de Fausto con el Ayuntamiento, del lado opuesto de Karlovo náměstí.

EL VERDADERO DOCTOR JOHANNES FAUST

Famoso gracias a Goethe, quien tituló dos de sus obras con su nombre, el doctor Fausto es históricamente el héroe de la novela Historia del doctor Fausto, publicada por J. Spiess en 1587. En esta obra, Fausto es un sabio decepcionado por sus investigaciones que sella un pacto con el diablo, llamado Mefistófeles, quien le ofrece una segunda vida enfocada en los placeres materiales a cambio de su alma.

Otros textos como los grimorios mágicos conocidos como Hollenzwang o Magia naturalis et innaturalis, editados en Passau en el siglo XVI, describen las obras y ritos de la magia negra atribuidos erróneamente a Fausto.

A principios del siglo XVII, su leyenda fue difundida en Bohemia por cómicos ingleses y adornada con algunos elementos de la leyenda (similar) del viejo mago Žito que vivió en la corte de Venceslao IV a principios del siglo XV. Parece que todos estos textos se hayan inspirado en un personaje que existió realmente, aunque la realidad del personaje cambia según las fuentes.

Según la fuente más extendida, el verdadero doctor Johannes (o Georgius) Fausto habría nacido hacia 1480. A principios del siglo XVI, habría ejercido como profesor en Bad Kreuznach (centro de Alemania), habría ido luego a Erfurt y a Bamberg a realizar horóscopos para el obispo. Debido a sus actividades relacionadas con la magia negra, habría sido expulsado de Ingolstadt en 1528 y de Nuremberg en 1532. Habría fallecido hacia 1536.

Según otras fuentes, Fausto existió realmente como un tal doctor Georgius Sabellicus Fasutus Junior que habría estudiado magia sobrenatural en la Universidad de Cracovia en Polonia y fue acusado de practicar magia negra.

Al fin, para otros, Fausto solo fue Johann Fust de Mayence, uno de los inventores de la imprenta cuya vida habría sido deformada por los cuentos populares.

La extraordinaria personalidad de Fausto le valió la leyenda que se creó en torno a su vida según la cual había sellado un pacto con el diablo.

EL CARRO DE COMBATE COLOREADO DEL MUSEO DE LA POLICÍA

Calle Ke Karlovu 1
• Horario: de martes a domingo de 10 a 17 h

El pequeño carro de combate que está en la parte trasera del jardín del Museo de la Policía en Karlov fue construido en 1969-1970 por Vladimír Beneš, un habitante del pueblo de Hrušky, cerca de la ciudad de Břeclav en Moravia. Quería cruzar, con su mujer e hijos, la frontera entre la Checoslovaquia comunista y Austria la noche del 19 de mayo de 1970, utilizando el cañón del carro para quitar las alambradas de la frontera.

La extraordinario historia de un habitante que quiso huir en un carro de combate

Lamentablemente, las cosas no sucedieron según lo planeado: el carro de combate se averió justo en la frontera, Beneš lo dejó ahí y cruzó la frontera a pie dejando a su familia en Checoslovaquia. Más tarde se instaló en Estados Unidos.

Tuvo que esperar siete años para que su familia se reuniera con él, tras obtener el permiso de viaje gracias a la intervención de la Cruz Roja.

(Hylobates)

MUSEO ANTROPOLÓGICO DE A. HRDLIČKA ⑯

Calle Viničná 7
• Metro: I. P. Pavlova. Tranvía: 4, 6, 10, 16, 22. Parada: I. P. Pavlova.
Bus: 291; Parada: Větrov
• Tél. 724 039 933/221 951 623
• Horario: miércoles y viernes de 10 a 18 h

Un verdadero gabinete de curiosidades

Inaugurado oficialmente el 22 de octubre de 1937, el Museo Antropológico de Aleš Hrdlička es un sorprendente museo que abre al público dos veces a la semana.

Debe su nombre a Aleš Hrdlička (1869-1943), un antropólogo checo que emigró con su familia a los Estados Unidos donde vivió la mayor parte de su vida.

Hrdlička es famoso por haber formulado la hipótesis de la migración del hombre de Asia a América pasando por el estrecho de Bering (que separa Alaska de Siberia).

Creado gracias a la donación de la colección personal de Hrdlička, este pequeño museo (sólo dos salas) concentra en un espacio reducido numerosos objetos raros, como las máscaras mortuorias de los presidentes checos, momias egipcias, la tabla comparativa de los esqueletos de primates y de humanos, piezas anatómicas, moldes, mapas…

En 1911, la actual Facultad de Ciencias Naturales, en los mismos locales que el museo, era la sede del Instituto de Física Teórica. Una placa conmemorativa recuerda que A. Einstein trabajó aquí de 1911 a 1912 como profesor de universidad.

LAS BALAS DE CAÑÓN DE LA IGLESIA ST. KAREL VELIKÝ

Karlov
• Bus: 291; Parada: Dětská nemocnice Karlov

Un vestigio de la batalla de 1757

L as marcas negras que se aprecian en el muro de la iglesia st. Karel Veliký son los vestigios de 11 balas de cañón disparadas por los prusianos que estaban al otro lado del valle de Nusle, cerca de la actual estación de metro Vyšehrad.

Durante la Guerra de los Siete Años (1756-1763), las tropas prusianas dirigidas por el emperador Federico II entraron en Bohemia y libraron varias batallas sangrientas con las tropas austriacas. En 1757, tras la batalla de Šterboholy, el ejército prusiano sitió Praga. Los prusianos bombardearon Karlov y destruyeron las torres de la iglesia, pero la cúpula permaneció intacta.

La colina de Karlov es un verdadero oasis de tranquilidad en el centro de la ciudad.

En el centro, la iglesia st. Karel Veliký fue construida por el emperador Carlos IV según un modelo similar al de la capilla funeraria de Carlomagno en el pueblo francés de Aix-la-Chapelle cuyo modelo político admiraba mucho.

La iglesia destaca por su nave central octogonal, la nave más larga de este tipo (gótico) en Europa central (22 metros de diámetro).

Durante la Guerra de los Treinta Años, sus torres sufrieron daños varias veces. En el siglo XVIII, la iglesia fue reconstruida al estilo barroco.

Hay otras balas de cañón encajadas en la iglesia de Nuestra Señora de los Ángeles, en el castillo, que datan del mismo año (ver p.161).

LA LEYENDA DE LA MUECA DEL DIABLO

Según la leyenda, al terminar las obras de la bóveda, el arquitecto de la iglesia (tal vez Vit Hedvabny) prendió fuego a los andamios de madera (procedimiento habitual en la Edad Media para quitar un andamio). Muchos se esperaban a que la bóveda cayera pero, en el humo de los restos quemados, algunos vieron la mueca del diablo. Se sostiene que el arquitecto vio al diablo, huyó y se suicidó. El diablo se llevó su alma pero la iglesia permaneció intacta.

VESTIGIOS DE LA MURALLA DE PRAGA

Praga estuvo rodeada de varias murallas diferentes a lo largo de su milenaria historia: las primeras fortificaciones de la ciudad fueron los viejos lugares amurallados de Šárka, Závist, Butovice, Hostivař, del Castillo de Praga y de Vyšehrad.

En el siglo IX, bajo el reinado de la dinastía de los Přemyslidas, el Castillo de Praga y Vyšehrad estaban rodeados de sencillos muros de piedra, reforzados en ciertos tramos con empalizadas de madera.

A principios del siglo XII, protegieron el castillo con muros romanos más consistentes en los que añadieron varias puertas.

Un siglo más tarde, el rey Václav I ordenó construir unas murallas que rodeaban la Ciudad Vieja. Con unos 4 kilómetros de largo, estas murallas atravesaban la Vltava, rodeaban las actuales calles Národní, Na příkopě y Revoluční y terminaban en el río.

El emperador Carlos IV, que fundó la Ciudad Nueva, mandó construir el recinto gótico que va de Vyšehrad a Karlov y sigue hacia las calles Sokolovská, Mezibranská y Wilsonova para volver hacia el río a Těšnov.

Fue él también quien mandó construir el Muro del hambre (Hladová zed) que separa los jardines Kinsky del jardín de Petřin y que formaba parte de las murallas de Malá Strana y de Hradčany.

Estas fortificaciones fueron reconstruidas varias veces. La última vez, una parte de ellas, llamada Mariánské hradby, fue construida en el estilo barroco de la Vltava (vía Letná a lo largo de la calle Na Valech) en Pohořelec, para descender por la colina Petřin hasta el río. De esta parte sólo queda la puerta Písecká.

Después de la Guerra de los Treinta Años (1618-1648), Vyšehrad se transformó en fortaleza con bastiones y subterráneos en sus gruesos muros que hoy se conservan junto con tres puertas. Poco a poco, estas fortificaciones han perdido su utilidad. Las primeras fueron las de la Ciudad Vieja, que dejaron de ser útiles tras construir la Ciudad Nueva.

La mayoría de las murallas fueron destruidas en el siglo XIX.

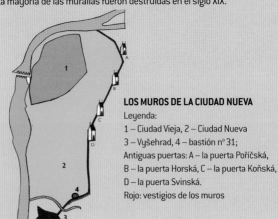

LOS MUROS DE LA CIUDAD NUEVA

Leyenda:
1 – Ciudad Vieja, 2 – Ciudad Nueva
3 – Vyšehrad, 4 – bastión n° 31;
Antiguas puertas: A – la puerta Poříčská,
B – la puerta Horská, C – la puerta Koňská,
D – la puerta Svinská.
Rojo: vestigios de los muros

VESTIGIOS DE LA MURALLA GÓTICA ⓲

Calle Horská
• Tranvía: 7, 18, 24; Parada: Albertov

> **El último vestigio de la muralla de 1350**

Entre 1348 y 1350, con el fin de proteger mejor la ciudad contra posibles asaltantes, Carlos IV mandó construir una muralla gótica de 3430 metros de largo alrededor de la Ciudad Nueva. Empezaba en el margen derecho del Moldava en dirección a Těsnov, subía hacia la actual Estación Central, seguía por las calles Mezibranská y Sokolská hasta Karlov para luego bajar hasta el arroyo Botič donde se juntaba con las fortificaciones de Vyšehrad (ver p.165).

De esta muralla gótica sólo queda un pequeño fragmento entre Karlov y la calle Na Slupi. El antiguo bastión nº 31, que ha sido transformado en café literario, formaba parte de ella.

Para más información sobre las distintas murallas de Praga, ver p.106.

EL PERRO ÍGNEO DE LA CALLE HORSKÁ

Detrás de la muralla se esconde Horská, una callejuela en pendiente, estrecha y sinuosa. Tuvo mala fama durante mucho tiempo. Sus escaleras bordean los parques Ztracenka y Folimanka.

Según una leyenda, en este inhóspito lugar se aparecía de noche el espectro de un perro negro envuelto en llamas.

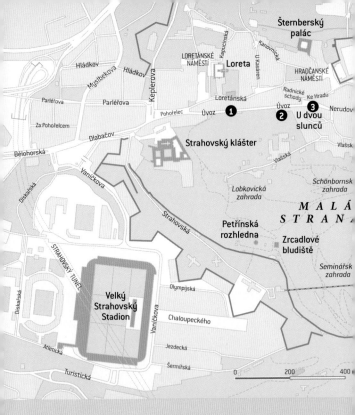

MALÁ STRANA

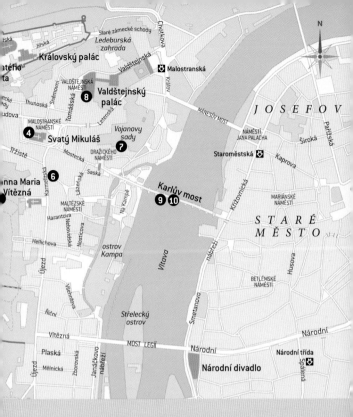

EL FRESCO DE LA CASA "DE LA COLUMNA DE PIEDRA" ❶

Calle Úvoz 160/24
• Tranvía: 12, 22; Parada: Malostranské náměstí o Pohořelec

> *El fresco del milagro de la Montaña Blanca*

En la calle Úvoz, en el número 160/24, la casa "U kamenného sloupu" (De la columna de piedra) pertenecía a Christian Luna, pintor que participó en la decoración de la iglesia de peregrinaje de la Montaña Blanca (ver p. 192).

Es la razón por la que la fachada de la casa contiene un fresco, reproducción de la imagen "milagrosa" gracias a la cual, durante la batalla de la Montaña Blanca en 1620, el ejército imperial venció a las tropas del "rey de Invierno", Federico del Palatinado.

La casa debe su nombre a la columna de piedra que decora la fachada y sobre la que descansa una Virgen. Las dos esquinas de la casa también están adornadas con dos bustos de estuco: el de la izquierda representa la divinidad lunar cuyo nombre recuerda sutilmente el del propietario del lugar, el de la derecha representa el sol. Durante el día, ambos bustos están alternativamente iluminados o sumidos en la oscuridad por un juego de luces y sombras. Hecho destacable: la sombra arrojada sobre la columna marca la primera y la última hora del día.

Josef Sudek, fotógrafo de renombre, vivió en esta casa desde 1959 hasta su muerte en 1976. En ella se reunía con sus amigos como el poeta Jaroslav Seifert, premio Nobel de Literatura, o el pintor Jan Zrzavý.

CASA "DE LA MANZANA DE ORO"

1 calle Úvoz
• Tranvía: 12. 22; Parada: Malostranské náměstí o Pohořelec

> *Hacia
> las Hespérides*

En la calle Úvoz, 1, al final de la vía real esotérica (ver p. 16), la casa "U zlatého jablka" (De la manzana de oro) recuerda sin ambigüedad alguna el mito de las Hespérides y de las manzanas de oro.

Hijas de la noche según unos, hijas de Atlas y de Hésperis según otros, las tres Hespérides, Hesperia, Egle y Eritia vivían en un fabuloso vergel, el jardín de las Hespérides, situado en el confín occidental del mundo (probablemente en las orillas oceánicas de España o Marruecos; para algunos el nombre de España proviene de "Hesperia") y que pertenecía a Hera.

Hera, esposa y hermana de Zeus, protectora de la mujer y diosa del matrimonio (correspondiente a Juno en la mitología romana) les había encomendado la tarea de cuidar de las manzanas de oro del jardín que les había confiado y les dejó además al dragón Ladón como guardián.

En lo que fue su penúltimo trabajo, Hércules mató al dragón Ladón y robó las manzanas doradas, lo que, en lenguaje esotérico, representa "el acceso al paraíso".

Para los alquimistas, las manzanas del jardín de las Hespérides simbolizan el dominio de la Gran Obra y permiten obtener la piedra filosofal.

El dragón Ladón tenía cien cabezas y hablaba varios idiomas: una alegoría que alude a los numerosos filósofos que venían a este jardín mágico a buscar en él sus tesoros.

Por su nombre, el dragón está ligado a Latona que en griego significa "estar escondido, ser invisible", lo que remite al carácter oculto de la Gran Obra alquímica, que no todo el mundo puede alcanzar.

SIMBOLISMO DEL MEDALLÓN DE LOS DOS SOLES

❸

Calle Nerudova 47
• Tranvía: 22 ou 17; Parada: Malostranské náměstí

Ahí donde se elige

En la intersección de las calles Úvoz y Nerudova se alza la casa "U dvou slunců" (De los dos soles) que luce un enigmático medallón cuya parte superior muestra dos rostros de perfil mirando en direcciones opuestas. Entre los dos, el rostro de un hombre con melena domina los dos soles dorados en relieve.

La ubicación de este medallón es especialmente interesante: si giramos a la derecha, seguimos en dirección al Castillo, donde termina el Camino Real exotérico (ver p.16). Si seguimos de frente, en dirección a "la Estrella de la Tarde" por la calle Úvoz, el recorrido en línea recta hacia el oeste lleva a Hvězda (el Palacete de la Estrella, ver p.16), donde Venus brilla en el oscuro cielo y donde termina el Camino Real esotérico.

El medallón es pues un símbolo auténtico de la elección que se puede hacer en esta etapa del Camino Real: observe que los dos soles (que simbolizan el principio del camino) no son idénticos, cada rostro es ligeramente diferente. Pero no muestran preferencia alguna en cuanto al camino a tomar.

De cada uno depende por lo tanto el camino a elegir.

Considerando esta explicación, se entiende mejor el rol del rostro del centro, que es de hecho el del dios Mercurio, inestable pero sabio por dentro, un elemento indispensable en el proceso alquímico.

Bajo los soles, se ve una concha y luego un marco más pequeño que encierra las letras IHS así como una flor de cuatro pétalos, semejante a una estrella o a una cruz, y abajo del todo un pequeño corazón en llamas.

Las letras IHS no sólo remiten al rol salvador de Cristo representado por el famoso acrónimo *Iesus Homini Salvator* (Jesús, salvador de los hombres) sino también a un significado más oculto sobre la importancia de la sigla en sí: IHS significa también *In Hoc Signo* (con este signo), una interpretación confirmada por la estrella o la cruz situada justo debajo de la letra H. Contrariamente a la famosa señal del emperador romano Constantino (que, según la leyenda, vio en el cielo inscribirse una cruz y la frase "*In Hoc Signo Vinces*", mostrándole el camino a seguir para ganar la batalla en la que participaba), aquí falta *Vinces* (ganas). Según la elección que hagamos, podemos ganar o no. Solo depende de nosotros. El primer camino es exotérico y lleva al prestigio y a la gloria. El otro es esotérico y lleva a la elevación y a la humildad filosófica y espiritual.

Para más información sobre el camino real de Praga, ver p.16.

LOS BOLARDOS
DE LA PLAZA MALOSTRANSKÉ

4

Delante del palacio Liechtenstein
Plaza Malostranské
• Tranvía: 12, 22; Parada: Malostarnské náměstí

Los bolardos de nobles ejecutados

De todos los bolardos de Praga, los más originales se encuentran en la parte superior de la plaza Malostranské delante del palacio Liechtenstein que en la actualidad alberga la Academia de Artes Musicales (HAMU). Creados en 1993 por el escultor Karel Nepraš (1932-2002), representan a los 27 nobles checos ejecutados el 21 de junio de 1621 en la plaza de la Ciudad Vieja (ver p.48 para otro vestigio de esta ejecución).

La segunda defenestración de Praga, en 1618, había desencadenado la guerra abierta de la nobleza checa, ampliamente protestante, contra el poder de los Habsburgo (católicos) y, a mayor escala, la Guerra de los Treinta Años (1618-1648) en Europa. La derrota del ejército protestante en la batalla de la Montaña Blanca el 8 de noviembre de 1620 marcó, durante mucho tiempo, el final de las esperanzas de independencia de los Estados de Bohemia. La Contrarreforma estaba en su punto álgido y los checos protestantes (como Comenio) se vieron obligados a convertirse o a exiliarse.

Las 27 víctimas fueron ejecutadas por Mydlář, el verdugo de la ciudad, que utilizó cuatro espadas. La ejecución duró desde las 5 de la mañana hasta las 9 de la noche. Una decena de nobles y dos poderosos burgueses fueron decapitados y el resto de los burgueses, ahorcados, excepto el médico Jesenius, a quien le cortaron la lengua antes de su ejecución. Fernando II mandó exponer las cabezas de las víctimas más importantes en la torre este del Puente Carlos.

La ubicación de los bolardos no ha sido elegida al azar: el palacio pertenecía a Carlos, conde de Liechtenstein, quien siendo gobernador tras la batalla de la Montaña Blanca, había ordenado la ejecución para castigar a los jefes de la rebelión de los Estados protestantes.

LOS FANTASMAS DE MALÁ STRANA

El palacio Liechtenstein (la casa "U bílého medvěda", Del oso blanco) fue comprado por Karel Lichtenstein, verdugo tristemente célebre de la nobleza protestante checa que se había opuesto con resistencia a la recatolización forzada tras la batalla de la Montaña Blanca. Se cuenta que, tras su muerte, su esposa organizó en el palacio orgías por las que el diablo la llevó al infierno.

La casa "U zeleného vozu" (Del carruaje verde) en el número 11 de la calle del Mercado de Malá Strana (Tržiště) albergaba antaño, dicen, una cárcel. Se divide en dos estancias, una encima de la otra, donde a veces aparece el fantasma velado de un hombre vestido con un traje rojo con capucha y calzado con botas de época. Numerosas generaciones de propietarios de esta casa lo han visto al alba.

LA IGLESIA DE SAN NICOLÁS: PENÚLTIMA ETAPA DEL RECORRIDO ALQUÍMICO DE PRAGA

El nombre de la iglesia de San Nicolás, justo enfrente de los 27 bolardos de la plaza Malostranské, viene del griego Nikolaos que se compone de las palabras *Nikós* (vencedor) y *láos* (piedra): en la lógica del viaje iniciático de Praga y de Malá Strana hacia el Castillo, la iglesia de San Nicolás es pues la penúltima etapa antes de "obtener la Piedra" (filosofal).

Según esta lógica alquímica, la cúpula de la iglesia recordaría la mitad superior del "globo imperial", similar al signo alquímico del mundo, donde la torre representa el cetro real. La torre y la cúpula tienen exactamente la misma altura.

MUSEO DE LOS TRAJES DEL NIÑO JESÚS DE PRAGA

Iglesia de Nuestra Señora de la Victoria
Calle Karmelitská
• Tranvía: 12 o 22; Parada: Hellichova
• Horario: de lunes a sábado de 9.30 a 17.30 h. Domingo de 13 a 18 h
• Entrada gratuita

> **Simbolismo de los colores de los trajes del Niño Jesús de Praga**

Universalmente conocido, el Niño Jesús de Praga es una estatuilla de cera del Renacimiento español situada en la iglesia de Nuestra Señora de la Victoria. Polixena von Pernstein, princesa de Lobkovic (1567-1642), la donó a la iglesia en 1628. La heredó de su madre, de origen español, lo que explica la veneración particularmente importante de la estatua en el mundo hispanohablante. Muy rápidamente, se atribuyeron poderes milagrosos a la estatua y empezaron a ofrecerle múltiples obsequios. La estatuilla recibió, entre otros, numerosos trajes preciosos con los que la visten en las distintas fiestas religiosas. María Teresa de Austria le habría confeccionado ella misma un traje y hasta el gobierno comunista de Corea del Norte le habría regalado un atavío durante la era comunista.

En la primera planta de la iglesia, el museo de los trajes expone entre otras cosas un centenar de atuendos, algunos de los cuales están inacabados o son imposibles de llevar. La tarea de vestir al niño está encomendada a las hermanas carmelitas del Niño Jesús, que escogen los trajes en función del calendario litúrgico.

Se utilizan cuatro colores fundamentales:

El blanco: color de la ceremonia religiosa, de la pureza y de la santidad, para la celebración de la Pascua y de la Navidad.

El rojo: color de la sangre y del fuego pero también el color de la realeza, para la Semana Santa, Pentecostés y las fiestas de la Santa Cruz.

El violeta: color que simboliza el arrepentimiento, para los periodos de Cuaresma y de Adviento.

El verde: color de la vida y de la esperanza, para todos los periodos entre estas fiestas.

Durante la ceremonia de coronación del rey, el Niño Jesús suele estar vestido con un traje de la realeza con su manto de armiño.

Para las ocasiones más especiales, lleva también otros colores:

El rosa: color de la alegría íntima, usado a veces el tercer domingo de Adviento y el cuarto domingo de Cuaresma.

El oro: color de ceremonia, que sustituye a veces otro color.

El azul: a veces para los matrimonios.

BAJORRELIEVE DE UN TRIPLE APRETÓN DE MANOS **6**

Calle Karmelitská 18
• Tranvía: 22, 9 o 12; Parada: Hellichova

Emblemas masónicos a modo de insignias de casas

En el número 18 de la calle Karmelitská, se puede ver una curiosa insignia: tres manos unidas dándose un apretón. Es el símbolo masónico de la fraternidad y de la unidad. También recuerda la particularidad del saludo masón (ver más abajo).

OTROS APRETONES DE MANOS MASÓNICOS

Encontramos este símbolo del apretón de manos en otros dos lugares de Praga: en la calle Na Zderaza, 3, y en la calle Vinohradská, 73.

EL SALUDO MASÓNICO

Los masones se saludan dándose la mano de una manera muy especial: ejercen pequeñas presiones con el pulgar para indicar su rango. El aprendiz da tres toques ligeros con la punta del pulgar de su mano derecha sobre la primera falange del índice de la mano derecha del otro: dos toques rápidos y uno más espaciado. El compañero hace lo mismo, dando cinco toques con su pulgar derecho sobre la primera falange del dedo mayor derecho del otro: dos rápidos, uno más espaciado, dos rápidos. El maestre hace lo mismo con siete toques: cuatro rápidos y tres espaciados.

OTROS SÍMBOLOS MASÓNICOS

El compás y la escuadra son otros símbolos masónicos importantes. Se pueden ver en el número 7 del muelle Janáček (Janáčkovo nábřeží), en la calle Karmelitská, 35, en la calle Lublaňská, 53, en la calle Vejvodova, 1, y en la calle Vinohradská, 22.

EN LOS ALREDEDORES:

LA PRIMERA REUNIÓN CONSTITUTIVA DE LA MASONERÍA CHECA **7**

No muy lejos de aquí, en la casa del noble Karel David llamada «U kamenného Zvonku» (De la campanilla de piedra), en el número 10 de la plaza Dražického, se habría celebrado la primera reunión constitutiva de la masonería en la República Checa, traída por las tropas francesas y sajonas que ocuparon Praga en 1741.

Los precursores de la creación de logias checas habrían sido el conde Belle-Isle, mariscal de Francia, y el conde Federico Augusto Rutowski (hijo ilegítimo del rey de Polonia Augusto II y Gran Maestre de la Gran Logia de Alta Sajonia, fundada en Dresde) que dirigía a los sajones.

Según ciertas fuentes, con estas actividades masónicas se reanudaban las anteriores actividades iniciáticas del conde F. A. Sporck (ver p.122).

LA MASONERÍA EN BOHEMIA: DE LA CASA DE FAUSTO A ALFONS MUCHA

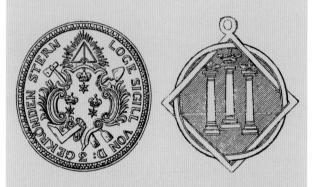

La primera logia masónica en Bohemia se habría fundado el 24 de junio de 1726 en Praga en el palacio del conde František Antonín Sporck (1662–1738) en presencia del Gran Maestre de la logia inglesa Anthony Sayer. Al parecer, se llamaba "U tří hvězd" (De las tres estrellas) aunque la información no está confirmada. El conde Sporck fue el primer representante del libre pensamiento en el siglo XVIII en Bohemia: luchó contra las propuestas conservadoras de la Contrarreforma y las malas acciones del derecho antiguo y fue un gran filántropo y mecenas.

En 1761, Jan Christoph Konrad de Nitzky y el gobernador de la Ciudad Vieja Václav François Vernier fundaron una logia fruto de la fraternidad de los Rosacruz, denominada "U černé růže" (De la rosa negra). También habrían estudiado y practicado la alquimia.

La leyenda afirma igualmente que, en los primeros tiempos, se llevaron a cabo investigaciones alquímicas en la logia masónica que se reunía en la casa llamada de Fausto (Karlovo náměstí) bajo la dirección del alquimista Karel Mladota de Solopsky.

Los oficiales franceses que, a mediados del siglo XVIII, ayudaron a Baviera en su lucha contra los Habsburgo también iniciaron a algunos nobles checos en la masonería. La creación de la logia praguense "U tří korun" (De las tres coronas) fue, ante todo, obra del conde francés de Belle-Isle (1684–1761), aunque el aporte de los ideales masónicos en Bohemia provino también del conde Federico Augusto Rutowsky, quien había dirigido a las tropas sajonas que invadieron la República Checa.

La emperatriz María Teresa, durante el primer periodo de su reinado, se opuso a la masonería y luchó contra ella, aunque su marido Francisco de Lorena fue miembro de la Gran Logia de Londres.

En aquella época existían dos logias en Praga "U tří korunovaných hvězd" (De las tres estrellas coronadas) y "U tří korunovaných sloupů" (De los tres pilares coronados). Joseph Albert conde Hodicky de Hodice, el conde Joseph de Canal Malabailla, el conde Hugo Salm-Reifferscheidt e Ignac Antonín Born (que se convertiría en uno de los fundadores de la investigación científica en Bohemia) fueron algunos eminentes masones checos de la época.

Más tarde, bajo el gobierno de José II, la actividad y el desarrollo de las logias masónicas fueron más o menos tolerados.

En el siglo XIX, Josef Dobrovský, célebre lingüista y creador de la gramática checa junto a Jungmann, fue también uno de sus miembros excelsos.

Los masones checos más conocidos de la historia checa, aparte de los ya citados, fueron el pintor Alfons Mucha, los políticos Jan Masaryk y Edvard Beneš y el Dr. Ladislav Syllaba que fue Gran Maestre de la Gran Logia Nacional Checoslovaca.

Bajo los regímenes nazi y comunista, la masonería estuvo prohibida en Checoslovaquia: las logias entraron "en letargo". Desde la Revolución de Terciopelo de 1989, conocen un nuevo auge.

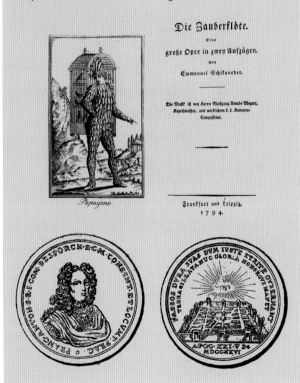

EL CARRO SOLAR: ¿DOS O CUATRO CABALLOS? ¿APOLO O HELIOS?

La Sala de los Caballeros del palacio Wallenstein (abierto al público los fines de semana), tiene un fresco en su techo principal que muestra a Albrecht de Wallenstein transformado en Marte, dios romano de la guerra, triunfante en el carro solar tirado por cuatro caballos.

El carro solar es un concepto mitológico según el cual Helios (o a veces Apolo) traza el recorrido del sol en el cielo gracias a su carro, al cual está enganchado el sol.

Personificación helénica del sol y de la luz, Helios era hijo de los titanes Hiperión y Tea. A veces se confunde a Apolo, dios de la luz y del sol, con Helios, la personificación del sol. Se diferencian entre otras cosas por el número de caballos que tiran del carro del sol: el de Helios tiene cuatro caballos (como aquí), y el de Apolo tiene dos (como en el famoso fresco de Guido Reni en el pabellón de la Aurora en Roma – ver la guía "Roma insólita y secreta" del mismo editor).

EL PASILLO ASTRONÓMICO
DEL PALACIO WALLENSTEIN

Palacio abierto sábados y domingos de 10 a 16 h
Pasillo astronómico normalmente cerrado al público
• Metro Klárov. Tranvía 17 o 22; Parada: Malostranská o Klárov

*El palacio
zodiacal*

A partir de 1623 Albrecht de Wallenstein (1583-1634), duque de Friedland y de Mecklemburgo, mandó construir el inmenso palacio que lleva su nombre. Vivió toda su vida obsesionado por la astrología: el gran Johannes Kepler le hizo varios horóscopos, aunque Wallenstein también tenía su astrólogo personal, el célebre italiano Giacomo Battista Zenno apodado Seni.

Wallenstein mandó construir un pasillo astronómico y astrológico, que comunica las alas norte y sur del palacio, para satisfacer su pasión. Lamentablemente cerrado al público, constituye una representación única del arte barroco manierista checo por su decoración, su configuración y algunas particularidades curiosas.

Su bóveda representa una esfera celeste y sus muros, el mundo terrestre. La bóveda está dividida en siete partes que corresponden al número de planetas conocidos en la época, según los cuales Kepler hizo el horóscopo de Wallenstein.

Sobre los muros están representados los doces signos del zodiaco asociados a los planetas que están presentados bajo la forma de alegorías: arriba del todo está la Luna bajo la forma de la diosa Diana con, a su lado, el signo zodiacal de Cáncer. Debajo están Mercurio-Hermes y los signos de Géminis y Virgo, seguidos de Venus, pintado bajo la forma de Afrodita, acompañada de los signos de Tauro y Libra. En medio de este desfile se encuentran el Sol y el signo de Leo y debajo Marte-Ares y los signos de Aries y Escorpio. El sexto planeta es Júpiter-Zeus y los signos de Piscis y Sagitario. Por último, debajo del todo, se ven Saturno-Cronos y los signos de Acuario y Capricornio.

Lejos de ser únicamente decorativo, este ciclo de frescos poseía un verdadero sentido hermético: de acuerdo con la teoría, durante tiempo atribuida a Hermes Trimegisto quien dio su nombre al hermetismo, según la cual „como arriba es abajo, como abajo es arriba", esto permitiría atraer la energía celeste, representada en el techo, a la sala que albergaba el fresco.

EL HORÓSCOPO DE WALLENSTEIN

De Johannes Kepler se ha dicho que no tenía grandes conocimientos de astrología. Sin embargo se interesó mucho por ella y consolidó su notoriedad. En 1601, escribió el libro *Sobre los fundamentos más ciertos de la astrología*.

En 1608 se publicó la primera versión anónima del horóscopo legendario para Albrecht de Wallenstein. Aunque incluía informaciones erróneas, realizó previsiones precisas. En las correcciones de 1624 y 1628, estando al servicio de Wallenstein, Kepler le avisó que podría ser vencido por los daneses y también por los suecos en un futuro cercano. También predijo la llegada de una oposición anti-Wallenstein en 1632 y una crisis en su vida personal en 1634. A pesar de la insistente petición del entorno de Wallenstein, Kepler se negó a hacer previsiones para el periodo posterior a 1634 porque los astros eran desfavorables a su señor.

Todas sus predicciones resultaron ser ciertas; el duque fue asesinado en 1634.

Este horóscopo, conocido como el horóscopo de Kepler para Wallenstein, es una especie de arquetipo del dibujo de horóscopo hecho en la época barroca (ver recuadro).

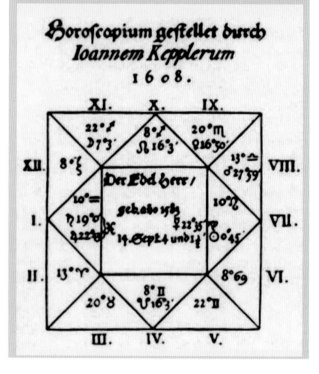

PRINCIPIOS DE FUNCIONAMIENTO DEL HORÓSCOPO DE WALLENSTEIN

En el cuadro central se anota la fecha de nacimiento. Alrededor, en el sentido contrario a las manecillas del reloj, los doce triángulos representan las doce casas astrológicas.

En estas se indica en parte la posición de los distintos signos del zodiaco y la posición de los planetas en el momento del nacimiento de la persona de quien se hace el horóscopo.

La señal favorable que vio Kepler aquí es la conjunción de Saturno con Júpiter en la Casa I y de Mercurio con el Sol en la Casa VII.

Asimismo, el Sol está ubicado en el punto cardinal del equinoccio de otoño. De este modo los planetas Saturno, Júpiter, Mercurio y Venus están en el horóscopo recíprocamente relacionados con las conjunciones, oposiciones, sextiles y trígonos favorables.

Los aspectos menos favorables de este horóscopo de Kepler corresponden a la posición de la Luna en la Casa XII porque los astrólogos dicen que, cuando está en Capricornio, la Luna está "en exilio".

Wallensteins Horoskop.

EL VENCEJO DE LA ESTATUA DEL TURCO ❾

Puente Carlos
• Metro: Malostranská. Tranvía: 12, 22; Parada: Malostranské náměstí

> *La Orden de los Trinitarios, al servicio de los prisioneros cristianos*

Justo enfrente de la estatua de Juan Nepomuceno en el Puente Carlos hay un grupo de esculturas cuyo autor es el célebre escultor praguense F. M. Brokof (1714). Podemos ver a san Juan de Mata de pie sobre la roca con las muñecas desatadas, con Félix de Valois a su lado y el ermitaño Iván, que representa a los santos del país, a sus pies. En la parte inferior de la estatua, una cueva cerrada con una verja alberga a prisioneros cristianos vigilados por un turco y su perro.

La escultura fue encargada por la Orden de los Trinitarios, fundada en el siglo XII por san Juan de Mata y Félix de Valois, razón por la cual están en la escultura. La orden compraba y liberaba a los cristianos prisioneros de los moros, representados en la escultura por el turco. A principios del siglo XVIII, Praga seguía bajo la amenaza de una invasión turca.

Si se asoma por encima del puente, verá un vencejo delicadamente escondido en la espalda del turco y que recuerda evidentemente las relaciones entre los cautivos y sus señores.

¿QUÉ ES LA ORDEN DE LOS TRINITARIOS?

La Orden de la Santísima Trinidad y de la Redención de Cautivos, llamada Orden Trinitaria o de los Maturinos (por el santo Juan de Mata, uno de sus fundadores), es una orden religiosa católica fundada en 1194 por los franceses san Juan de Mata y san Félix de Valois. Su objetivo original era rescatar a los cristianos prisioneros de los moros. La orden sigue existiendo hoy en día y ayuda a prisioneros y cautivos de todo tipo.

El nombre latino de la orden es *"Ordo Sanctissimae Trinitatis"* ("O. SS. T.").

El símbolo de los trinitarios es un mosaico de 1210 que representa a Jesús liberando a dos cautivos, uno negro y otro blanco, y que recuerda la visión que tuvo Juan de Mata el 28 de enero de 1193. Obsequio de Inocencio III a san Juan de Mata, el mosaico sigue hoy en Roma en el frontón de la iglesia del hospicio de Santo Tomás in Formis.

LA AUREOLA DE JUAN NEPOMUCENO

⑩

Puente Carlos

• Metro: Malostranská. Tranvía: 12, 22; Parada: Malostranské náměstí

> ¿Por qué Juan Nepomuceno lleva una aureola de cinco estrellas?

Juan de Nepomuk Wölfflin (Juan Nepomuceno) es un santo checo cuyo culto se extendió más allá de Bohemia durante la época barroca.

Según la "Chronica regum Romanorum" de Thomas Ebendorfer (fallecido en 1464) y los "Annales Bohemorum" (1541), Juan era el confesor de la reina Sofía, convertida en la esposa de Venceslao IV en 1389. Juan desobedeció al rey al negarse a traicionar las confesiones de la reina, de cuyo adulterio sospechaba Venceslao. Fue torturado y arrojado al Moldava en 1393 desde el lado norte del puente, entre el sexto y el séptimo pilar, donde hay una placa que conmemora este acontecimiento.

Juan Nepomuceno, al igual que la Virgen María, es el único santo que lleva una aureola de cinco estrellas en la cabeza y no una aureola tradicional. Según la tradición, esta aureola simboliza las cinco heridas de Cristo y las cinco letras de la palabra latina TACUI (*yo me callé* – en relación a su silencio durante la tortura). Las estrellas también recuerdan las que brillaban sobre el agua del Moldava y que permitieron encontrar el cuerpo mutilado del santo arrastrado por la corriente.

En algunos lugares, de noche, una constelación de la Corona Boreal (*Corona borealis*) se refleja a veces en la superficie del río, lo que también podría haber contribuido a la leyenda de la aureola estrellada.

La verdadera aureola estrellada le fue otorgada después de su canonización por el papa Benedicto XIII (en 1729). Antes, el santo llevaba una guirnalda de estrellas.

En 1724, se procedió a la exhumación del cuerpo del santo y los médicos que analizaron el cuerpo constataron que su lengua se había conservado intacta. La guardaron en un relicario. En 1972, una nueva autopsia demostró que no se trataba de la lengua si no de restos de tejido cerebral. Su cuerpo y su "lengua" descansan hoy en su tumba de la catedral de san Vito en Hradčany.

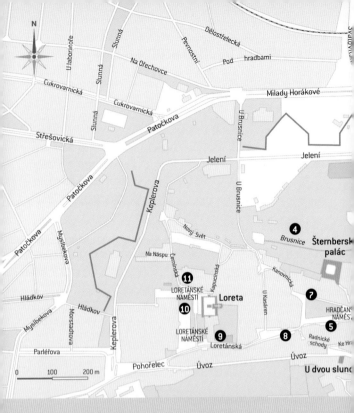

HRADČANY (CASTILLO)

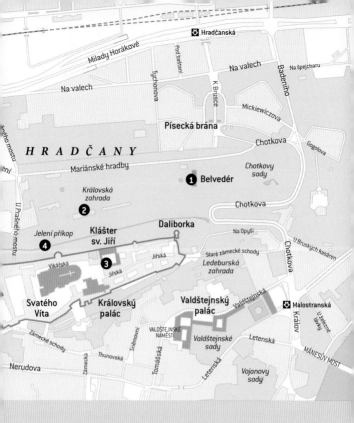

SIMBOLISMO HERMÉTICO DEL BELVEDERE ❶

Královská zahrada (Jardín Real)
• Tranvía: 22; Parada: Letohrádek královny Anny

*Cábala
y alquimia
en una joya
arquitectónica*

Construido por el emperador Fernando I, el Palacio Real de la Reina Ana (también conocido como El Belvedere) es uno de los edificios renacentistas más bonitos de Praga. También es uno de los edificios de Praga que más referencias tiene a la alquimia, por la que Fernando I estaba muy interesado (el célebre Paracelso le dedicó incluso algunos de sus tratados).

Copia de una villa romana, el palacio de verano está rodeado por una galería decorada con 36 columnas con capiteles jónicos, con un espacio de 3 m entre cada una. Las 6 columnas de cada ancho y las 14 columnas de cada largo soportan el edificio rectangular, orientado según el eje Norte-Sur. 12 bajorrelieves narrativos de piedra situados a lo largo y 4 a lo ancho están colocados entre los arcos encima del capitel de cada una de estas columnas.

Estos 12 bajorrelieves están relacionados con los signos del zodíaco y los meses del año. Los 4 bajorrelieves aluden a los cuatro elementos (Tierra, Aire, Agua, Fuego), así como las cuatro virtudes cardinales (Prudencia, Justicia, Fuerza y Templanza). Sumando un total de 32 (12+12+4+4), uno de los números perfectos cabalísticos, los bajorrelieves narrativos superiores indican las "32 vías que conducen a la Sabiduría".

Los zócalos de las columnas tienen cada uno un bajorrelieve vertical, el Belvedere posee pues 72 bajorrelieves (32+40), número que los cabalistas atribuyen al número de letras del nombre completo de Dios llamado Shemham-forash (ver p.66).

Los bajorrelieves superiores de los lados norte, sur y oeste de la residencia de verano muestran principalmente motivos mitológicos grecorromanos mientras que los relieves inferiores están dedicados a los héroes de la Antigüedad y a sus combates.

Dos relieves interiores en los extremos del lado oeste muestran el combate simbólico con el dragón: el de la izquierda representa al argonauta Jasón

luchando con el dragón en Cólquida durante su búsqueda del Toisón de oro, y el de la derecha muestra el combate del héroe Cadmo con el dragón del dios Ares. Es una alegoría de los tratados alquímicos que simbolizan el trabajo del alquimista y la metamorfosis de la materia. Enmarcan distintos relieves que describen las intervenciones de Zeus en presencia de la mayoría de los dioses del Olimpo. Cerca del zócalo de la antigua entrada de ese lado, se halla el relieve de Vulcano y de Mercurio, los dos protagonistas del trabajo sobre la materia. No sólo afirma su antigua función como simple guardián de la entrada del Belvedere sino que también recuerda, por las dos llaves, la posible doble vía de la Gran Obra Alquímica (la seca y la húmeda) que permite "abrir la entrada al palacio cerrado del Rey" o encontrar "la Piedra de los Filósofos". Esta esperanza de éxito está simbolizada por otro relieve contiguo de Eneas segando su cosecha.

Los zócalos de las 4 columnas en los extremos de la residencia de verano albergan bajorrelieves de los trabajos de Hércules, sinónimos de procesos alquímicos. De este modo el héroe mítico apoya simbólicamente esta construcción.

Los relieves superiores del lado sur representan escenas de caza mitológicas de la Antigüedad (el jabalí de Calidón, Atalanta, el rey Meleagro y el jabalí), y también una sorprendente escena en la que la cabeza del jabalí de Calidón es ofrecida como trofeo a Fernando I y a sus hijos Maximiliano y Fernando de Tirol. Este conjunto temático de la carrera de Atalanta y de la caza del jabalí de Calidón es recordada en la célebre obra *Atalanta fugiens* del alquimista y médico personal de Rodolfo II, Miguel Maier, que probablemente trabajó en los laboratorios alquimistas del Belvedere.

El tejado del Belvedere se asemeja también a un barco hundido que evoca la noción alquímica de "*naufragio philosophorum*" (el naufragio filosófico): simboliza las numerosas experiencias alquímicas infructuosas que se llevaron a cabo aquí, principalmente bajo el reinado de Rodolfo II.

EL GRAFFITI DE LA SALA DEL JUEGO DE PELOTA

2

Míčovna, Královská zahrada
(Sala del Juego de Pelota del Jardín Real)
• Tranvía: 22; Parada: Pražský hrad

> *Los comunistas y el Renacimiento*

L a Sala del Juego de Pelota (Míčovna) es un magnífico edificio renacentista, construido entre 1565 y 1569 (durante el reinado de Fernando I) por Bonifaz Wohlmuth siguiendo los modelos de la Antigüedad. La Sala del Juego de Pelota, que ocupa el emplazamiento del antiguo campo de tiro, fue escenario de muchos juegos de pelota.

Incendiado durante la liberación de Praga en 1945, el edificio fue reconstruido en los años 50 durante la era comunista e incluyeron un detalle particularmente insólito: aunque todo el edificio recuperó su estilo renacentista, en el tercer arco de la izquierda, el escultor J. Wagner añadió, donde estaban los esgrafiados que destruyeron los alemanes en 1945, un dibujo que alude al plan quinquenal comunista (*pětiletka*) simbolizado por la hoz (la agricultura) y el martillo (la industria). Este constituye el único elemento del realismo socialista que ha sobrevivido y que se puede ver en el Castillo de Praga.

Con 68 m de largo por 13 de ancho, la Sala del Juego de Pelota era una verdadera joya de la arquitectura renacentista. En ella se han reproducido los antiguos esgrafiados que personifican los cuatro elementos (Tierra, Aire, Agua, Fuego), las siete virtudes cardinales (Prudencia, Templanza, Caridad, Esperanza, Fortaleza, Justicia, Castidad y Fe) y las artes liberales (Teología, Astronomía, Geometría, Música, Aritmética, Retórica, Dialéctica y Gramática).

LA ESTATUA DE UNA MUJER MUERTA ❸

Iglesia de San Jorge
Náměstí U Svatého Jiří (Plaza de San Jorge)
Praha 1 – Hradčany, 119 08
• Tel.: 224 372 434 (centro de información del castillo)
• Tranvía: 22

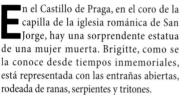

El fantasma de Brigitte

En el Castillo de Praga, en el coro de la capilla de la iglesia románica de San Jorge, hay una sorprendente estatua de una mujer muerta. Brigitte, como se la conoce desde tiempos inmemoriales, está representada con las entrañas abiertas, rodeada de ranas, serpientes y tritones.

Según la leyenda, Brigitte era una pobre chica de Malá Strana que se había enamorado de un escultor italiano que la había pedido en matrimonio.

Durante un largo viaje al extranjero, el escultor quiso indagar sobre la fidelidad de su esposa.

Víctima de la envidia de varias vecinas que la calumniaron y lograron convencer al escultor de que le era infiel, murió a manos de su marido que luego ocultó su cuerpo. Pero el cadáver fue descubierto y el escultor confesó su crimen. Condenado a muerte, se arrepintió y pidió un último deseo: hacer una estatua de su amada tal y como había sido encontrada.

LOS SECRETOS DE LA IGLESIA DE SAN JORGE

Fundada antes del año 920, la iglesia románica de San Jorge es el lugar donde están enterrados los reyes de la dinastía de Přemyslidas.

En la capilla contigua, se encuentra el valioso *Pasionario de la abadesa Kunhuta* (Cunegunda), escrito en el siglo XII por el monje Kolda y adornado con ilustraciones de Beneš, que plasma por primera vez el credo alquímico medieval en checo.

Cuenta la leyenda que cuando Přemysl Otakar II "el rey de hierro y de oro" moría tras la batalla de Moravské pole (campo de Moravia) habría empezado a brotar sangre de un crucifijo. Hoy se desconoce dónde está dicho crucifijo.

LOS ALQUIMISTAS DEL CASTILLO DE PRAGA

El castillo era como una ciudad dentro de la ciudad y estaba exento de las leyes de Praga, lo que atraía gran cantidad de artesanos y de impostores que se instalaron a lo largo de sus murallas. De finales del siglo XIV a finales del XVI, cuando alquimistas, hermetistas, ocultistas y demás adeptos de las ciencias tradicionales fueron perseguidos en toda Europa por la Iglesia Católica, todos ellos encontraron refugio en Praga, sobre todo bajo el reinado de Rodolfo II, un apasionado de la alquimia (ver p. 144).

Sin embargo, es bastante probable que ningún alquimista auténtico haya vivido en el Callejón del Oro (Zlatá ulička), aunque la imaginación popular le haya dado una importancia significativa. En realidad es de notoriedad pública que los laboratorios de los alquimistas del emperador estaban en la Torre Mihulka (ver foto).

Es más que probable que el nombre de la callejuela provenga de los joyeros que vivieron en las casas adosadas a la muralla.

Cuenta la leyenda que Rodolfo II encerraba a sus alquimistas. Vivían en casas pequeñas y cada vez que lograban alguna transmutación, abrían una contraventana. Como había guardias armados con alabardas patrullando en el callejón día y noche, algunos alquimistas, apurados por encontrar la piedra filosofal, se impacientaron por no poder salir y respirar el aire fresco del Jelení příkop (Fosa de los Ciervos), situada justo afuera de la muralla. Solicitaron pues al emperador poder salir; pero ese espacio estaba reservado a los invitados más aristocráticos de la Corte y era inconcebible permitir que unos ordinarios destiladores se mezclaran con nobles aristócratas. Frente a la negativa del emperador, los alquimistas se cortaron el pelo, destruyeron todo su material y lo tiraron por encima de la muralla, sobre la cabeza de los nobles invitados de Rodolfo. Se negaron incluso a producir un solo grano de oro.

Ante tal rebelión, el emperador cambió de parecer y autorizó a algunos a tomar el aire en la fosa: los encerró en jaulas metálicas que mandó colgar de los árboles, con lo que los alquimistas murieron lentamente de hambre y de sed. La labor del alquimista era sagrada: bajo ningún concepto se podía abandonar la Opus Magnum (la Gran Obra) cuando estaba en proceso.

Hace poco, G. Meyrink (ver *Nové Město - Gustav Meyrink*) escribía en su novela *El Ángel de la ventana del oeste* que los osos de la Fosa de los Ciervos "vivían de la carne de los iniciados".

Al parecer, a principios del siglo XIX, dos alquimistas que residían en el

Callejón del Oro llegaron a producir oro pero murieron súbitamente con dos días de diferencia: uno era un barón de la Bohemia del sur, el otro un anciano profesor de filosofía.

Se cuenta también que antaño, en el Callejón del Oro, había una casa llamada "U poslední lucerny" (De la última farola), visible sólo algunas noches.

Una antigua tradición cuenta también que la primera piedra de la fundación de la Praga (Praha) invisible, *prah* (= umbral) entre los mundos visible e invisible, fue colocada en este lugar por la orden esotérica de los monjes asiáticos del Sat-Bhaja.

En 1916, Franz Kafka vivió en el número 22 del Callejón del Oro a la vez que el escritor polaco Stanislav Przybyszewski.

La celebridad del emperador animó a varias personalidades a ir Praga como el ocultista inglés John Dee, el alquimista inglés Edward Kelley Talbot (el hombre de la oreja cortada) y el polaco Michael Sendivogius quien habría logrado realizar varias transmutaciones en presencia del emperador. Impresionado, Rodolfo II mandó colocar una placa conmemorativa en la que se podía leer: "Que otro haga lo que ha hecho Sendivogius de Polonia". Esta placa desapareció hace tiempo del muro del castillo.

El célebre alquimista francés Denis Zachaire de Toulouse y su compatriota Nicolas Barnaud también vinieron a Praga, así como el químico Oswald Crollius, alumno indirecto de Paracelso, famoso por su libro sobre las piedras preciosas pero que fue expulsado de Praga por espionaje político.

Dos de los médicos del emperador eran también alquimistas renombrados: el primero, Michael Maier, autor de la obra fundamental *Atalanta Fugiens* (1618), está a menudo relacionado con la sociedad secreta de la Rosacruz de la que habría sido miembro, el otro, Martin Ruland, estaba fascinado por las obras de Paracelso y fue el autor del muy útil diccionario, el *Lexicon alchemiae*.

El amplio grupo de alquimistas que trabajaban no sólo en el castillo para el emperador sino también para los señores de Rosenberg y para Wenceslav Vřesovec era conocido como "la escuela alquimista de Praga".

El poeta de la corte, el milanés Mardocheus de Delle, escribió *Fegefeuer* (Purgatorio) que contiene descripciones de alquimistas de la corte.

Los responsables de las minas del imperio también estaban relacionados con los trabajos sobre los metales preciosos y practicaban las ciencias herméticas. Lazarus Ercker, por ejemplo, escribió un importante libro sobre mineralogía. Podemos citar también a Sebastian Essen que murió encarcelado en la Torre Blanca (Bílá věž) del castillo. Invitado de Rodolfo II, Sebald Schwertzer, responsable de las minas de Jáchymov (Joachimsthal), se ganó más tarde el favor del emperador y vivió en Praga hasta su muerte en 1611. También escribió varios textos alquimistas.

EL CODEX GIGAS O BIBLIA DEL DIABLO

El *Codex Gigas* (libro gigante) es el manuscrito medieval más grande que se conoce en el mundo. También se le conoce como *Biblia del Diablo*, por una gran ilustración en la que él figura y por la leyenda asociada a su creación. La obra contiene la Biblia de la Vulgata así como numerosos documentos históricos, escritos todos en latín.

Generalmente se piensa que fue escrito a principios del siglo XIII en el monasterio benedictino de Podlažice en Bohemia, destruido en el siglo XV. El último texto que se añadió al Codex data del año 1229.

El Codex pasó luego al monasterio cisterciense de Sedlec cerca de Kutná Hora y después fue adquirido por el monasterio benedictino de Břevnov. De 1477 a 1593 estuvo guardado en la biblioteca del monasterio de Broumov hasta que Rodolfo II lo compró en 1594. Al terminar la Guerra de los Treinta Años, en 1648, el ejército sueco robó la mayor parte de los objetos de arte del Emperador, entre ellos el Codex Gigas. Actualmente se conserva en la Biblioteca Nacional de Suecia en Estocolmo.

El Codex está protegido por una cubierta de madera, forrada de cuero y con adornos de metal, y mide 92 cm de alto, 50 de ancho y 22 de grosor. Pesa más de 75 kg y contiene 310 hojas de pergamino, en perfecto estado de conservación, para las que se empleó la piel de 160 asnos. Al principio contenía 320 hojas, pero algunas de ellas, que al parecer contenían las reglas monásticas de los benedictinos, fueron arrancadas por razones desconocidas.

Según una leyenda medieval, el autor del Codex fue un monje que rompió sus votos y fue condenado a ser emparedado vivo. Con el fin de escapar a esta terrible sanción, prometió crear el libro en una sola noche.

Hacia la medianoche, convencido de no poder concluir solo esta tarea, dedicó una oración, no a Dios sino al arcángel caído Lucifer con el que selló un pacto, entregándole su alma a cambio de terminar el libro.

Lucifer terminó el libro y, a modo de agradecimiento, el monje incluyó en él la imagen del diablo. Según los expertos, se calcula que en realidad el autor del Codex tardó en redactarlo unos 20 años

EL MANUSCRITO VOYNICH: "EL MANUSCRITO MÁS MISTERIOSO DEL MUNDO"

El manuscrito Voynich, con sus 240 páginas de vitela, es un documento ilustrado que data aparentemente de principios del siglo XV. Aunque se le han adjudicado numerosos autores, todo, en este documento, es una incógnita, ya sea su autor, su contenido o su idioma. Lo describen como "el manuscrito más misterioso del mundo".

Considerado por lo general como un texto cifrado, ha sido estudiado por varios criptógrafos, expertos y aficionados, y hasta por militares norteamericanos y británicos de los servicios de criptografía y de inteligencia de las dos guerras mundiales. Sin éxito.

El misterio que lo rodea ha despertado la imaginación popular, dando lugar a las teorías más fantasiosas y novelescas.

El manuscrito Voynich trata diferentes temas como la botánica, la astrología, la astronomía, la cosmología, la farmacología o la biología.

Algunos han atribuido este manuscrito a Roger Bacon, monje franciscano y políglota (1214-1294). A finales del siglo XVI, fue adquirido por el emperador Rodolfo II para enriquecer su colección: la primera página del manuscrito contiene la firma de Jacobus Sinapius de Tepenec, médico personal del emperador. Al ser un renombrado alquimista checo, experto en fitoterapia y conservador de los jardines botánicos reales, se le atribuyó la autoría.

A principios del siglo XVII, el manuscrito Voynich estuvo en posesión de Georgius Baresch, un oscuro alquimista checo que vivió en Praga. A su muerte, el manuscrito pasó a manos de su amigo Johannes Marcus Marci, rector de la Universidad Carolina de Praga, quien años después envió el documento a Athanasius Kircher, un viejo amigo suyo epistolar (para más información sobre este personaje complejo, ver la guía *Roma insólita y secreta*, del mismo editor).

Su nombre actual proviene del que fue su dueño a principios del siglo XX, Wilfrid M. Voynich, un coleccionista de libros que lo adquirió en 1912.

En la actualidad, el manuscrito pertenece a la Biblioteca Beinecke de Manuscritos y Libros Raros de la Universidad de Yale (Connecticut), Estados Unidos.

RODOLFO II – UN EMPERADOR MANÍACO DEPRESIVO

El emperador Rodolfo II (18.07.1552 – 20.01.1612) fue un monarca introvertido, enamorado de la vida y de las mujeres, apasionado erudito de las artes, adepto y protector de las ciencias esotéricas.

En 1563, el joven Rodolfo fue enviado junto con su hermano a la corte española para perfeccionar su educación. Allí pudo familiarizarse con las obras de Jerónimo Bosch "El Bosco", de quien se hizo un ferviente admirador y un coleccionista apasionado.

A su regreso de España, el padre de Rodolfo lo nombró sucesor a los tronos de cada uno de los países de la monarquía de los Habsburgo y del Sacro Imperio Romano Germánico.

En 1575, Rodolfo fue coronado rey checo y elegido emperador romano.

Durante los primeros años de su reinado, Rodolfo II disfrutaba mucho de Praga donde prolongaba cada vez más sus estancias. En 1583, decidió restaurar el castillo para transformarlo en su residencia permanente y sede del gobierno de su reino.

Durante su reinado, Praga creció y se convirtió en el centro de la política europea y en un lugar importante para las ciencias y las artes.

Lamentablemente, su enfermedad mental, probablemente una combinación de psicosis maníaco depresiva y de una parálisis física progresiva, determinó en cierta medida su manera de gobernar.

En cuanto a las mujeres, Rodolfo II prefería mantener relaciones sexuales de corta duración, a excepción de su larga convivencia con Catherina Strada. El emperador tuvo con sus amantes seis o siete hijos ilegítimos, aunque desconocemos qué fue de ellos.

El más famoso de sus bastardos fue Julius César de Austria, enfermo mental como él.

En 1606, aprovechando una de las numerosas recaídas de la enfermedad del emperador, los archiduques de Habsburgo mantuvieron una reunión secreta en Viena en la que pusieron a la cabeza de la familia real al archiduque Matías, su hermano menor, y lo nombraron sucesor de la monarquía. Pero el emperador descubrió rápidamente el complot, lo cual intensificó su odio hacia su hermano.

En 1609, Rodolfo II publicó su famosa carta *Majestát* en la que garantizaba la libertad religiosa en los países checos.

Dos años más tarde, a pesar del deterioro progresivo de su condición, el emperador intentó reafirmar su controvertida potestad lanzando una ofensiva militar con la ayuda de su primo, el archiduque Leopoldo, obispo de Passau. A principios de 1611, las tropas de Passau invadieron Bohemia. El fracaso fue total y el emperador se vio obligado a abdicar en abril de ese mismo año.

Nueve meses después, el 20 de enero de 1612, falleció en el Castillo de Praga y fue enterrado en el panteón real de la catedral de San Vito.

RODOLFO II Y EL ESOTERISMO

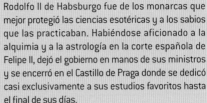

Rodolfo II de Habsburgo fue de los monarcas que mejor protegió las ciencias esotéricas y a los sabios que las practicaban. Habiéndose aficionado a la alquimia y a la astrología en la corte española de Felipe II, dejó el gobierno en manos de sus ministros y se encerró en el Castillo de Praga donde se dedicó casi exclusivamente a sus estudios favoritos hasta el final de sus días.

Fueron sus médicos personales Tadeáš Hájek z Hájku y luego Miguel Maier y Martin Ruland quienes le dieron sus primeras lecciones de alquimia.

Después, mandó llamar a los más célebres alquimistas de la época: John Dee, Edward Kelley, Michael Sendivogius, Oswald Crollius, entre otros muchos. En aquel tiempo decenas de alquimistas se relevaban en el castillo y hasta el propio emperador trabajaba en los laboratorios.

Para realizar los experimentos del emperador, se enviaban ingredientes espagíricos y alquímicos a la residencia real como la drosera, una planta de hojas redondas, o la *Ros solis*, que se recogía con el rocío de la mañana, pero también otros ingredientes más específicos como el musgo que crecía sobre el cráneo de los ahorcados…

Se cuenta que Rodolfo II creó él solo la piedra filosofal, estimada en la época en 40 000 ducados y que la guardó en una caja plana de lámina de plata, forrada de terciopelo rojo. La declaración de un testigo ocular precisó que la caja contenía un pesado polvo gris, parecido a la ceniza. A la muerte de Rodolfo II, el mayordomo Kaspar Ruckú de Rudz robó la caja.

En el ataúd de Rodolfo II, hallaron tres anillos. Uno de ellos con cuatro piedras preciosas engarzadas en la circunferencia exterior (un diamante, un zafiro, un rubí y una esmeralda) y cuatro signos zodiacales grabados entre las piedras (Capricornio, Libra, Acuario y Cáncer); y en la circunferencia interior, los nombres de cuatro ángeles (Gabriel, Miguel, Uriel y Anael, los dos últimos son ángeles apócrifos que no aparecen en la Biblia) grabados junto a una fórmula mágica, AGLA, nombre mágico de Dios en la cábala judía.

El lema favorito del emperador era el acrónimo ADSIT que adornaba uno de estos anillos mágicos. Esta abreviatura ha sido interpretada como "Auxiliante Deo Sum Inimicis Terror" (*Con la ayuda de Dios, intimido a mis enemigos*) por unos, y como "A Dominus Salus In Tribulatione" (*La salvación, en las tribulaciones, viene de Dios*) por otros.

Rodolfo II se interesaba también por los emblemas, como lo demuestra la colección *Symbola Divina et Humana I* de Jacobus Typotius, Octavius Strada y Aegidius Sadeler, publicada con su autorización en Praga en 1601. Además de la alquimia, el emperador también mostraba un profundo interés por la magia, la astrología y la cábala: algunos astrólogos trabajaron también en su corte, principalmente Tycho Brahe y Johannes Kepler y, en 1593, el emperador recibió en audiencia al célebre rabino Yahuda Löw, creador del Golem, con el que disertó sobre los secretos de la cábala judía.

LOS SECRETOS DE LA FOSA DE LOS CIERVOS ❹

Se accede desde Klárov por una pequeña puerta que hay en una terraza de piedra en la calle Chotkova o por el otro lado del foso, por la calle del Nuevo mundo (Nový svět)
- Tranvía: 22; Parada: Pražský hrad
- Abierto del 1 de abril al 31 de octubre

Una jaula de osos, un búnker...

La protección natural del Castillo de Praga está formada por una hondonada por donde corre el arroyo Brusnice. Llamada desde la Edad Media "Fosa de los ciervos" (Jelení příkop), albergaba animales salvajes, y a veces se disparaba a los ciervos desde las ventanas de la residencia. Durante la ocupación francesa de 1741-1742, los ciervos fueron exterminados por la caza y solo sobrevivió su nombre. En la fosa también vivían otros animales, encerrados en jaulas para mayor disfrute de los habitantes del castillo.

Las pequeñas ventanas de las viviendas del Callejón del Oro y de la prisión de la Torre Dalibor dan a la Fosa de los Ciervos. Se cuenta que un día, los alquimistas que trabajaban en el Callejón del Oro se sublevaron por su bajo salario y tiraron a la fosa sus alambiques y elixires en señal de protesta. El emperador Rodolfo II, como castigo, los lanzó a la fosa como alimento para los animales.

El escritor Gustav Meyrink escribió que "los osos de la Fosa de los Ciervos vivieron de la carne de los iniciados".

Según antiguos informes del siglo XVIII, se extraía "sal aérea, agua aérea y aceite aéreo" de esta fosa. Se cuenta que esta triple mezcla milagrosa a base de esquisto del castillo fue usada por Mladota de Solopysky, un noble conocido por las misteriosas pruebas alquímicas que realizaba con sus discípulos en la Casa de Fausto, plaza de Carlos (Karlovo náměstí) (ver p. 99).

No fue hasta después de la Revolución de Terciopelo (1989) cuando la Fosa de los Ciervos se abrió al público.

En 1951, el régimen comunista decidió construir un refugio nuclear. Su construcción y la de los pasadizos secretos, cerca del castillo, duró 6 años pero en 1957, en parte por razones económicas y estratégicas, el presidente Antonín Zápotocký mandó parar las obras. En la parte inferior de la Fosa de los Ciervos, hay una entrada al refugio de hormigón, casi frente a la antigua Torre Dalibor. Dentro del refugio se ha acondicionado un apartamento para el presidente de la República, lamentablemente inaccesible para el público.

En medio de la Fosa de los Ciervos está sepultado el Puente de la pólvora (Prašný most), construido en el siglo XVI para unir el recién creado Jardín Real con la residencia del monarca. Hoy la fosa pasa por un túnel que construyó debajo de este puente el arquitecto Pleskot, a petición del presidente Havel. El túnel mide 84 metros de largo. Se ve cómo corre el arroyo Brusnice por debajo de las rejillas del suelo.

En la parte alta de la fosa (hacia Nový svět), la pequeña casa blanca que se ve es la antigua casa del cuidador de osos: en 1918 los miembros de las legiones checoslovacas regalaron unos osos al presidente Masaryk y aquí los guardaron hasta los años 1950. Hoy, sólo se ven las jaulas en las que vivían encerrados.

EL RELOJ DE SOL MÁS ANTIGUO DE PRAGA

Palacio Schwarzenberg, Hradčanské náměstí 2/185
• Tranvía: 22; Parada: Pražský hrad

En la chimenea del Palacio Schwarzenberg, visible desde la calle Nerudova, se encuentra el reloj de sol más antiguo de Praga, que data de mediados del siglo XVI. Y en ese mismo palacio, días después de asistir a un banquete en la corte, el célebre astrónomo Tycho Brahe murió de un ataque de uremia.

BAJORRELIEVE DE LA ESTRELLA GIRATORIA ❻

Arzobispado de Praga
Hradčanské náměstí 16 (plaza del Castillo)
• Tranvía: 22; Parada: Pražský Hrad

> *Un símbolo misterioso en el palacio del arzobispado*

Situado entre el Castillo de Praga y el Palacio Sternberg, el palacio del arzobispado es la actual sede del arzobispo de Praga que sustituye al "viejo priorato", cerca de la catedral de San Vito, y a la casa conocida como "Patio del obispo", en Malá Strana, que hoy ocupa el Ministerio de Economía.

A ambos laterales de los capiteles de la entrada, se pueden ver sorprendentes bajorrelieves de una "estrella giratoria", una especie de mezcla entre una cruz gamada (esvástica) y un hexagrama. Esta figura poco común es un hexagrama circungiratorio: combina los efectos de la esvástica (ver imagen adjunta) y del hexagrama (ver siguiente doble página).

Durante las guerras husitas, la segunda sede del arzobispado del antiguo "Patio del obispo" se incendió y quedó destruida. El obispo Conrad de Vechta (1413-1421) se unió a los husitas y la sede arzobispal permaneció abandonada durante 140 años desde 1421. En 1561, Antonín Brus de Mohelnice, también Gran Maestre de la Orden de Malta (1561-1580), fue nombrado arzobispo de Praga. Tras una donación realizada el 5 de octubre de 1561 por el emperador Fernando I, la Iglesia recibió, cerca del Castillo de Praga, como sede del episcopado y residencia de su representante, la casa que había pertenecido antaño al noble Florian Griespek de Griesbach.

LA ESTRELLA GIRATORIA: UN HEXAGRAMA Y UNA ESVÁSTICA...

La estrella giratoria es una figura compuesta por dos símbolos: el hexalfa (o hexagrama) propiamente dicho, una estrella de seis puntas formada por dos triángulos entrelazados con ambas puntas en sentidos opuestos, y la cruz esvástica cuyos brazos transversales imprimen un movimiento giratorio, razón por la que a este símbolo se le llama hexagrama circungiratorio.

Los dos triángulos del hexagrama simbolizan el entrelazamiento entre la energía celeste (representada por el triángulo con la punta hacia arriba, tradicionalmente verde esmeralda) y la fuerza electromagnética terrestre (simbolizado por el triángulo con la punta hacia abajo, originalmente rojo intenso), uniendo espíritu y materia gracias al poder generador de ambas fuerzas (representado por la esvástica).

Es muy importante diferenciar la esvástica de la sauvástica. Los extremos de la sauvástica apuntan a la izquierda: es considerada como siniestra y regresiva por las religiones orientales y por los pueblos de la Antigüedad en Occidente que tenían, al contrario, la esvástica (que gira hacia la derecha), como símbolo benéfico y evolucionista. Adolf Hitler y sus pares se adueñaron de este milenario símbolo sagrado y lo convirtieron en una sauvástica maléfica.

De hecho, el sentido de rotación de la esvástica y de la sauvástica es lo que determina su significado directo: en sentido dextrógiro (positivo, solar) simboliza la evolución universal y está representada por la esvástica que adoptó Carlomagno. En sentido levógiro (negativo, lunar o que gira en sentido contrario a las agujas de un reloj) designa, en un contexto más inmediato, la intención de someter lo atemporal y lo sagrado al espacio estrictamente temporal y profano, y en este caso está representado por la sauvástica que adaptó Adolf Hitler.

Debido a la forma de sus brazos (que toman su nombre de la letra griega gamma – dando origen al nombre de la cruz gamada), la esvástica es el símbolo de la acción universal y de la transformación continua de la Vida-Energía en Vida-Consciencia. En este sentido, siempre ha acompañado a los salvadores de la humanidad, como Cristo. Cristo está dibujado, en las antiguas catacumbas romanas, en el centro de una espiral con forma de esvástica, ya que representa el centro espiritual donde reside Dios.

Así pues, ¿será el mensaje de este hexagrama circungiratorio esculpido en la entrada de la fachada del Arzobispado de Praga que la vida universal surgió de Cristo, evolucionó con la fe, y que a él habrá que volver cuando llegue el fin de los tiempos, es decir, el fin del ciclo actual donde todo y todos evolucionan constantemente?

Para más información sobre el hexagrama y su simbolismo ver siguiente doble página.

EL HEXAGRAMA, ¿UN SÍMBOLO MÁGICO?

El hexagrama, también conocido como Estrella de David o Escudo de David (*Magen David*), está formado por dos triángulos equiláteros entrelazados (uno apunta hacia arriba y el otro hacia abajo) que simbolizan la naturaleza espiritual y la naturaleza humana del hombre. Sus seis puntas corresponden a las seis direcciones en el espacio (norte, sur, este, oeste, cénit y nadir) y muestran el movimiento universal completo de los seis días de la Creación; el séptimo día, el Creador reposó. En este contexto, el hexagrama se ha convertido en el símbolo del macrocosmos (seis ángulos de 60 grados forman 360 grados) y de la unión del hombre con su Creador. Como señala el Antiguo Testamento (Deuteronomio, 6:4-8), el hexagrama, que los judíos asociaban con la mezuzá, adornaba a menudo la entrada de las casas judías, pero también era utilizado con frecuencia como amuleto por los pueblos cristianos e islamistas, por lo que no se trata de un símbolo exclusivamente judío. El Corán (XXXVIII, 32 y sigs.) y *Las mil y una noches* lo presentan como un talismán indestructible que permite disfrutar de la bendición de Dios y ofrece una protección total contra los espíritus de la naturaleza, los djinns. También aparece con frecuencia en las vidrieras y frontones de las iglesias cristianas, como una referencia simbólica al alma universal que, en este caso, está representada por Cristo, o a veces, por el binomio Cristo (triángulo superior) – María (triángulo inferior). El resultado de la unión de ambos es el Padre Eterno Todopoderoso. El hexagrama también suele aparecer con forma de estrella de seis puntas y de roseta de seis pétalos. Aunque está presente en la sinagoga de Cafarnaún (siglo III a. C.), el hexagrama no aparece en la literatura rabínica hasta el año 1148, precisamente en el libro …*shkol ha-Kofer* del sabio caraíta* Judah ben Elijah. El capítulo 242 le da un carácter místico y protector, y suele estar grabado en los amuletos: "Siete nombres de ángeles preceden la mezuzá... Lo eterno te protegerá y este símbolo llamado 'El Escudo de David' está emplazado al lado del nombre de cada ángel". En el transcurso del siglo XIII, el hexagrama se convirtió también en el atributo de uno de los siete nombres mágicos de Metatrón, el ángel de la presencia asociado al arcángel san Miguel, el jefe de las milicias celestes y el más cercano al Dios Padre. Sin embargo, la identificación del judaísmo con la Estrella de David comenzó en la Edad Media. En 1354, el rey Carlos IV (Karel IV) concedió a la comunidad judía de Praga el privilegio de tener su propia bandera. Los judíos confeccionaron entonces un hexagrama en oro sobre fondo rojo al que llamaron la *bandera del rey David*, y que se convirtió en el símbolo oficial de las sinagogas de la comunidad judía en general. En el siglo XIX, este símbolo se difundió por todas partes. La mística judía sostenía que el origen del hexagrama estaba directamente relacionado con las flores con forma de lirio de seis pétalos que adornan la menorah**. Para quienes creían en este origen, el hexagrama había sido creado por las manos del Dios de Israel, ya que el lirio de seis pétalos, cuya forma recuerda a la Estrella de David, es identificado con el pueblo de Israel en el *Cantar de los cantares*. Aparte de su función protectora, el hexagrama poseería también un poder mágico: esta fama le viene de la célebre *Clavícula de Salomón*, un grimorio atribuido al rey Salomón pero cuyo origen se remonta, aparentemente, a la Edad Media. Este libro de fórmulas mágicas de autor anónimo proviene probablemente de una de las numerosas escuelas judaicas de estudios cabalísticos que existían entonces en Europa, ya que el texto está claramente inspirado de las enseñanzas del Talmud y de la Cábala judía. Esta obra contiene una selección de 36 pentáculos (símbolos cargados de significado mágico o esotérico) destinados a crear una comunicación entre el mundo físico y los planos del alma. Existen varias versiones de este texto, en varios idiomas, y el contenido varía de una a otra, pero la mayoría de los textos originales que aún existen datan de los siglos XVI y XVII, aunque existe también una traducción griega del siglo XV. En el Tíbet y en la India, las religiones budistas e hinduistas utilizan también este símbolo universal del hexagrama, que consideran como el símbolo del Creador y de la Creación, y que los brahmanes consideran el emblema del dios Vishnu. Al principio, los colores de los dos triángulos entrelazados eran el verde (triángulo superior) y el rojo (triángulo inferior), pero luego fueron sustituidos por el blanco que representa la materia y el negro, el espíritu. Para los hinduistas, el triángulo superior del hexagrama simboliza a Shiva, Vishnu y Brahma (Espíritu Santo, el Hijo y el Padre). Cabe destacar que el Hijo (o Vishnu) ocupa siempre la posición central: es el intercesor entre lo divino y lo terrestre.

* Qaraim o bené mikrá: "Seguidores de las Escrituras". El caraísmo es una ramificación del judaísmo que defiende la autoridad única de las escrituras hebraicas como fuente de revelación divina.
** Menorah: candelabro dorado de siete brazos que representan a los siete espíritus ante el trono: Miguel, Gabriel, Rafael, Samael, Zadkiel, Anael y Cassiel.

ALQUIMIA EN EL PALACIO
DE SAXE-LAUENBURG

❼

Sasko-lauenburský (Rožmberský) dům
Hradčanské náměstí 10/62 (plaza del Castillo) Hradčany
• No se visita
• Tranvía: 22; Parada: Pražský hrad, Pohořelec

La rivalidad de los Rosenberg con el emperador

Además de trabajar en el castillo al servicio de Rodolfo II, los alquimistas más competentes trabajaban también para la familia Rosenberg. Propietarios de tierras en Bohemia del sur (Český Krumlov, Třeboň, Bechyně), esta familia también poseía algunas propiedades en Praga como el palacio que hoy se conoce como Palacio de Saxe-Lauenburg

en Hradčanské náměstí. Allí también se realizaron experimentos alquímicos. De hecho, Guillermo de Rosenberg se vanagloriaba de invertir más dinero en la alquimia que el propio emperador.

John Dee, Edward Kelley y el checo Bavor Rodovský de Hustiřany, al servicio de Rodolfo II, también trabajaron para los Rosenberg, y Václav Lavín, autor del célebre tratado alquímico *Pozemské nebe* (El Paraíso terrenal), era médico personal de Guillermo de Rosenberg que solicitó igualmente la puesta en libertad del alquimista checo Bavor Rodovský de Hustiřany, encarcelado en la Torre Negra del castillo.

El despacho de Peter Vok de Rosenberg también estaba en el palacio de Saxe-Lauenburg (en la esquina de la calle Kanovnická con Hradčanské náměstí).

DOS ALQUIMISTAS CHECOS

La presencia de numerosos alquimistas extranjeros no interfería en el trabajo de otros alquimistas checos importantes como Šimon Tadeáš

Budek, el inquisidor imperial que investigaba a todos aquellos que llegaban a Bohemia en busca de piedras preciosas y de metales. Redactó, en un lenguaje cifrado, un amplio escrito alquímico que se encuentra en la Biblioteca Nacional de Austria en Viena.

Otro checo, Bavor Rodovský de Hustiřany, escribió varias obras alquímicas, algunas de las cuales están en la Biblioteca del Museo Nacional de Praga y en la Biblioteca de Voss en Leyde.

LA FARSA DE LOS ALQUIMISTAS IMPOSTORES

Muchos impostores, cual mariposas nocturnas, invadieron con su presencia la corte imperial con la esperanza de aprovecharse de la debilidad del emperador por las rarezas y los milagros.

Un día apareció un extraño griego llamado Mamugna (Marco Bragadino) que pretendía ser un alquimista. Asimismo, otro alquimista itinerante llamado Geronimo Alessandro Scotta demostró sus poderes ante el emperador quien le consultó en varias ocasiones sobre diversas cuestiones astrológicas. En 1591, un tal Philip Jacob Gustenhover, un estrasburgués llegado a Praga, habría logrado varias transmutaciones usando una tintura comprada al parecer al célebre adepto Seton el Cosmopolita. Cuando empezó a quedarse sin polvo, se vio obligado a admitir que no sabía fabricarlo él solo y fue encarcelado en la Torre Blanca del castillo. Huyó a Estrasburgo donde fue detenido de nuevo y escoltado de vuelta a Praga.

Johann Heinrich Müller de Mühlenfels ejerció su oficio primero en Suabia. Atraído por la fama del emperador Rodolfo II, se disparó una bala hecha con una amalgama de plomo para probar que era invulnerable y realizó delante del emperador una transmutación de plomo en oro. Sin embargo, para realizar esta operación, había utilizado un crisol de doble fondo, en el que había ocultado el oro…

Un año después de la muerte del emperador, Hauser, otro alquimista de la corte imperial, fue encarcelado y torturado por orden del emperador Matías porque se había descubierto que quería utilizar el arte oculto contra el monarca. Fue expulsado y desterrado de Bohemia.

LA UNIDAD DE MEDIDA DEL CODO PRAGUENSE

8

Hradčanská radnice (el Ayuntamiento de Hradčany)
Calle Loretánská 173
• Tranvía: 22; Parada: Pohořelec

En la puerta del antiguo Ayuntamiento de Hradčany, construida hacia finales del siglo XVI (momento en el que el distrito fue declarado ciudad independiente), mirando con ojo avizor verá, en el lado derecho, una lámina metálica colocada verticalmente en la puerta.

Vestigio de una antigua unidad de medida

De 591 mm de largo, esta lámina metálica sirvió durante mucho tiempo de referencia para la antigua unidad de longitud que estaba en vigor en Praga: el

codo praguense. Se divide en cuatro palmos, y uno de ellos, en dos.

El codo praguense fue introducido por el rey Přemysl Ottokar II en 1228 como unidad de medida: de hecho, era habitual en la época utilizar la longitud de los miembros de los monarcas (pie, codo, etc.) como unidad de medida para el pueblo.

En caso de litigio, o para medir la longitud de una tela, por ejemplo, uno se podía desplazar allí y medir con precisión su mercancía.

Esta alusión al codo praguense desapareció en enero de 1765 cuando la emperatriz María Teresa ordenó que se usara el codo vienés, que era lo habitual en Baja Austria.

Hay otra alusión al codo praguense en la puerta del Ayuntamiento de la Ciudad Nueva en Karlovo náměstí (plaza de Carlos) (ver p.95).

FRESCO DE LA CAPILLA DE SANTA BÁRBARA ❾

Calle Loretánská
• Tranvía: 22; Parada: Pohořelec

El empalamiento de un ladrón

En la calle Loretánská, la pequeña capilla de Santa Bárbara es testigo de una cruel leyenda relacionada con los acontecimientos que se desarrollaron en 1512: aquel año, dos caballeros condenados por robo iban a ser empalados vivos en ese lugar. Uno de ellos logró liberarse y trepó hasta la iglesia de San Benito.

El pintor checo de la época barroca, V. V. Reiner, pintó esta leyenda en esta capilla probablemente debido a que Santa Bárbara es la patrona de los muertos sin sacramentos.

En el fresco del interior de la capilla, se vislumbra en segundo plano la pequeña figura del condenado empalado.

LA LEYENDA DEL VIEJO CARRILLÓN DE PRAGA

El santuario de Loreto alberga el carrillón checo más antiguo de Praga. Compuesto por treinta campanas fundidas por Claudy Fremy, maestro fundidor de Ámsterdam, fue ensamblado por el relojero praguense Peter Neumann y sonó por primera vez el 15 de agosto de 1695.

Según una leyenda local, una pobre viuda, que tenía casi tantos hijos como campanas el carrillón, poseía como único bien una bolsa de monedas de plata. Cuando la peste asoló Praga, sus hijos se fueron muriendo. Por cada hijo que moría, ella daba una moneda al campanero para que tocara. Al morir su último hijo, entregó su última moneda, luego cayó enferma y, cuando falleció, todas las campanas de Loreto sonaron tocando una espléndida melodía.

LA CASA DE TYCHO BRAHE

En la entrada del callejón Nový svět (Nuevo mundo), en el número 76, la vieja posada *U zlatého noha* (Del grifo de oro) fue durante poco tiempo la residencia del astrónomo y alquimista danés Tycho Brahe que se instaló después en una casa del barrio de Pohořelec con el consentimiento del emperador.

LA LEYENDA DE LA CRUZ DE LA PLAZA DE LORETO

⑩

Loretánské náměstí (plaza de Loreto)
Tranvía 22; Parada: Pohořelec

> *El regreso del otro mundo*

En la Loretánské náměstí (plaza Loretánské), la "columna de Drahomíra" se alzaba antaño en la esquina opuesta a la que hoy alberga una pequeña cruz que más tarde se relacionó con esta leyenda. La columna fue destruida por decreto municipal en 1788.

Según una leyenda, la princesa pagana Drahomíra, descendiente de una antigua tribu eslava, se convirtió en la nuera de Ludmila, miembro de la dinastía de los Přemyslidas en tiempos de la evangelización de Bohemia y venerada como santa. Se contaba que Drahomíra intentaba por todos los medios molestar a los cristianos y que incluso se había aliado con el diablo. Un día, al ver a su cochero, convertido al cristianismo, acudir a la iglesia para rezar, empezó a maldecir la fe cristiana a voz en grito.

Desde entonces, se cuenta que se la puede ver conduciendo un carro de fuego y que, una hora después de medianoche, el carro en llamas se desvanece en el abismo.

Otros cuentan también que fue aquí donde el diablo raptó a la condesa del palacio Černín, relacionada con otra leyenda local (ver más abajo) y se la llevó bajo tierra para castigarla, obligándola a llevar zapatos de masa de pan.

LA LEYENDA DEL PALACIO ČERNÍN

Según la leyenda, el arquitecto Francesco Caratti había construido el palacio del conde Černín, el más grande de Bohemia (150 m de largo), sin contrato escrito. El conde falleció antes de que el palacio quedara terminado y su viuda aprovechó para no saldar la deuda de su esposo. El arquitecto perjudicado habló con el hermano del difunto, miembro de una sociedad secreta en Praga, que prometió ayudarle. El arquitecto fue llevado con los ojos tapados a las afueras de la ciudad donde miembros enmascarados de esta sociedad contactaron con el fantasma del conde, quien se vio obligado a firmar un contrato y el arquitecto recibió finalmente lo que se le debía.

LAS BALAS DE CAÑÓN DE LA IGLESIA DE NUESTRA SEÑORA DE LOS ÁNGELES

Loretánské náměstí (plaza de Loreto)
• Tranvía: 22, 25, 27; Parada: Pohořelec
• Iglesia abierta durante las misas: de lunes a viernes a las 18 h, domingo a las 8.30 h
• Belén visible en Navidad

Recuerdo de cañonazos

A ún hoy se pueden ver más de 50 balas de cañón en la fachada exterior de la Iglesia de Panny Marie Andělské (Nuestra Señora de los Ángeles).

Son el vestigio del bombardeo perpetrado en 1757, durante el asedio de Praga, por la artillería prusiana. Durante la Guerra de los Siete Años (1756-1763), las tropas prusianas dirigidas por el emperador Federico II entraron en Bohemia y libraron varias batallas sangrientas contra las tropas austriacas. En 1757, tras la batalla de Šterboholy, el ejército prusiano asedió Praga. Los prusianos ocuparon el monasterio de Břevnov y el parque de Hvězda en Bílá Hora, y saquearon el barrio del castillo.

La iglesia se alza en la plaza Loretánské náměstí y pertenece al complejo del convento de los Capuchinos. Construida entre 1600 y 1601, la iglesia es el edificio más antiguo de esta orden religiosa en Bohemia. La iglesia comunica por un pasillo con el complejo vecino de Loreto.

Hay otras balas de cañón incrustadas en la iglesia st Karel Veliký, en Karlov, que datan del mismo año. Ver p. 105.

UN BELÉN ÚNICO

La iglesia de Nuestra Señora de los Ángeles es famosa por su belén, que data del año 1780. Diseñado por un monje que conocía perfectamente la tradición del belén napolitano, es único en la República Checa con sus 48 figuras (32 hombres y 16 animales) casi a escala natural. Los más grandes son los pastores, que miden hasta 175 cm de altura.

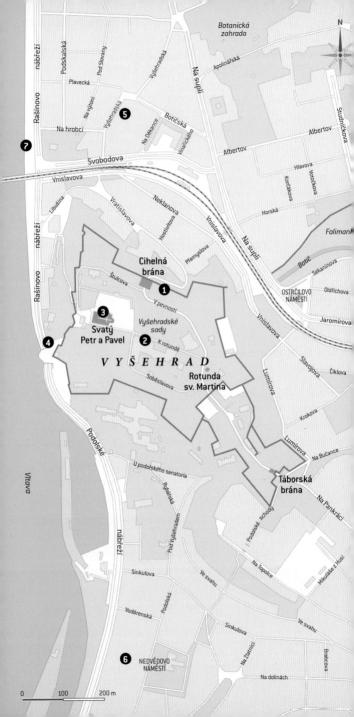

Botanická zahrada

Rašínovo nábřeží
Podskalská
Pod Slovany
Vyšehradská
Na suplí
Apolinářská
Studničkova

Plavecká
Na výtoni
Vyšehradská
5
Botičská
Vinačního
Albertov
Albertov
Hlavova
Korčákova
Votočkova

Na hrobci
Na Děkance
Svobodova

7
Vnislavova
Horská
Vratislavova
Neklanova
Hostivítova
Přemyslova
Vnislavova
Na suplí
Foliman
Botič
Sekanínova
Oldřichova
OSTRČILOVO NÁMĚSTÍ
Jaromírova

Rašínovo nábřeží
Libušina
Cihelná brána
1
Štulcova
V pevnosti

Vyšehradské sady
3
Svatý Petr a Pavel
2
K rotundě
Slavojova
Čiklova

4
V Y Š E H R A D
Soběslavova
Rotunda sv. Martina
Lumírova
Krokova

Podolské
Lumírova
Na Bučance

U podolského sanatoria
Rybalská
Táborská brána
Na Pankráci

Vltava
nábřeží
Pod Vyšehradem
Podolské schody

Mikuláše z Husi

Sinkulova
Ve svahu
Na Topolce

Vodárenská
Podolská
Sinkulova
Na zlatnici
Ve svahu
Brabcova

6
NEDVĚDOVO NÁMĚSTÍ
Na dolinách

0   100   200 m

N

VYŠEHRAD

LEYENDAS DE LOS SUBTERRÁNEOS DE GORLICE

Pevnost Vyšehrad
• Metro: Vyšehrad; Tranvía: 3, 7, 17, 21; Parada: Výtoň
• Horario: todos los días de 9.30 a 18 h del 1 de abril al 31 de octubre y de 9.30 a 17 h del 1 de noviembre al 31 de marzo

H ay una entrada en el lado norte de las murallas de Vyšehrad por la que se accede a amplios subterráneos. La sala más grande (330 m² para una altura de 13 m) se conoce como Gorlice y hoy funciona como museo lapidario.

Los subterráneos secretos y míticos

Se dice que las salas subterráneas excavadas en la colina de Vyšehrad se remontan a la época del reinado de la princesa Libuše. Algunas de ellas habrían servido de refugio en caso de peligro, otras de salas del tesoro. El fabuloso tesoro de la propia Libuše estaría aquí, custodiado por un león. Se dice que sólo se puede entrar el Viernes Santo a medianoche, hora en la que la tierra se abre unos instantes.

En el lugar llamado Na jezerce (En el pequeño lago), brota todavía un manantial. Era ahí donde Libuše tomaba sus baños. Se cuenta que un pasillo subterráneo llegaba hasta aquí desde la fortaleza de Vyšehrad, permitiendo el acceso incluso en tiempos de conflicto.

Parece que la roca de Vyšehrad también oculta un ejército dormido, reunido por la propia Libuše. Saldrá cuando Bohemia viva periodos de gran conflicto.

Cuando transformaron Vyšehrad en fuerte, durante la segunda mitad del siglo XVII, se creó una importante red de subterráneos, con fines defensivos, que hoy están parcialmente abiertos al público.

Gorlice es una ciudad de la actual Polonia. Fue testigo de una importante batalla durante la Primera Guerra Mundial, en la que numerosos soldados checos lucharon. La ciudad de Gorlice fue llamada así en recuerdo al subterráneo de Vyšehrad.

MISTICISMO EN VYŠEHRAD

La majestuosa mole de Vyšehrad, que se alza al otro lado del Moldava, más abajo del Castillo de Praga, desempeñó en los primeros tiempos de la historia un papel oscuro. Algunos sostienen que el fuerte no fue fundado hasta el siglo X, es decir, después del castillo. La leyenda es rica dada la escasez de documentos históricos. Está llena de detalles maravillosos sobre la vida y hechos de la Sibila checa, la mítica princesa Libuše y su esposo, el príncipe Přemysl el Labrador, fundador de la dinastía reinante. Esta aparente profusión de información es más bien sospechosa y demuestra de hecho el carácter mitológico de este fondo legendario cuyas raíces datarían de antes de los eslavos, de los celtas y tal vez de épocas aún más remotas. Héroes y monarcas encarnan a divinidades y ocupan su lugar, a través de los gestos arquetípicos, en el ciclo eterno de la naturaleza. Libuše, equivalente a la diosa pagana de la primavera (Venus o Freya), se purifica durante las abluciones rituales en sus baños de Vyšehrad para favorecer la primera aparición de la fuerza fertilizadora.

Přemysl el Labrador, equivale al dios fecundo del calor y de la luz que viene del norte para labrar con su arado el surco del campo sagrado e intimar con su compañera.

El acantilado también alberga un caballo y el resto de tesoros de oro de Libuše: una rana, una gallina de los doce huevos de oro.

En el oscuro bosque, cerca del arroyo Botič, *Bivoj-Hercule*, de una fuerza sobrehumana, persigue a los jabalíes mientras que las amazonas de los Castillos de las Muchachas (Dívčí hrady) afilan sus flechas.

Siete antiguos príncipes míticos de Vyšehrad, que corresponden también a los nombres de los días de la semana y a los siete planetas conocidos en la época, se relegan en el ejercicio del poder. La leyenda menciona los conflictos durante su reinado sobre las minas de distintos metales. El nombre de los antiguos dioses planetarios de los metales resuena en la enumeración que se enseña en los colegios checos: *Nezamysl*, Mnata, Voien, Vnislav, Křesomysl, Neklan, Hostivít (por ejemplo *Mnata* está ligado a la Luna, *Voien* a Marte, Křesomysl a Júpiter, etc.).

De este modo, en el contexto praguense, Vyšehrad ocupa su lugar como espejo del cosmos y del caos estableciéndose enseguida una red de analogías: de lunes a domingo, de Vyšehrad al Hrad (castillo), de la Luna al Sol, de Carlos a Rodolfo, de la plata al oro…

LOS FANTASMAS DE VYŠEHRAD

Pevnost Vyšehrad, Rotunda sv. Martina

Metro: Vyšehrad. Tranvía: 3, 7, 17, 21; Parada: Výtoň

Vyšehrad es especialmente famosa por sus fantasmas, que al parecer son tantos como los que habitan la ciudad de Praga.

Según la leyenda, de noche, el fantasma de un perro con una cadena incandescente corre desde la rotonda de San Martín hasta la puerta de la fortaleza. Otro perro, ígneo y sin cabeza, acompaña a una carroza del Infierno tirada por caballos sin cabeza y guiada por un cochero decapitado. Esta aparición deambula por la muralla de Vyšehrad.

También hay fantasmas de soldados y de religiosas que pasean a veces por el camino de ronda. Se puede oír igualmente, procedente del pequeño puente romano situado cerca de la iglesia, un repiqueteo de cascos de caballos.

El fantasma decapitado de la Dama Blanca se aparece cerca del pequeño pasadizo abovedado conocido como *Myší dira* (el agujero de los ratones). Se dice que pasa por ahí para salir de las profundidades de la roca donde tiene escondidos, en una cueva, numerosos tesoros, guardados por un perro con ojos de fuego. Sobre la Dama Blanca pesa una maldición que desaparecerá el día que se descubran sus tesoros escondidos; solo entonces recobrará su cabeza y será liberada de su maleficio.

Hoy se pueden ver, en el costado de la roca de Vyšehrad, las ruinas de un pequeño castillo medieval llamado *Libušina lázeň* (los baños de Libuše). La Dama Blanca, que podría ser el fantasma de Libuše, también se aparece en este lugar. Cuando los rayos de luna atraviesan una abertura de estas ruinas, se dice que es la Dama Blanca que está mirando por la ventana. La gente que vivía a los pies de Vyšehrad lo consideraban un mal presagio: anunciaba que alguien se ahogaría pronto.

En la iglesia de San Pedro y San Pablo, otro fantasma, el de la "Dama de Hannewald", se aparece a veces en plena misa saliendo de la capilla "Hannewald".

Se cuenta también que hay un abismo sin fondo bajo la roca de Vyšehrad: se habría formado durante las guerras husitas, cuando el ataúd con las reliquias de Longin (el soldado que atravesó con su lanza los costados

de Cristo), traídas antaño desde Roma por Carlos IV, fue lanzado desde lo alto de la roca: el cuerpo de Longin y su lanza se deslizaron fuera del ataúd y se hundieron en las aguas sin tocar el fondo, mientras que el ataúd permaneció flotando en la superficie. Hoy el ataúd está expuesto en la iglesia de San Pedro y San Pablo, donde sirve de base al altar.

LA COLUMNA DE ZARDAN EL DIABLO ❷

Pevnost Vyšehrad, kostel sv. Petra a Pavla
• Metro: Vyšehrad. Tranvía: 3, 7, 17, 21; Parada: Výtoň

Exorcismo en Praga

En el parque de Vyšehrad, delante de la entrada lateral del cementerio, descansan los tres fragmentos de una columna rota, tal vez el *corpus delicti* más famoso del que se pueda acusar al diablo ya que también están recogidos en los diccionarios de demonología[1].

Según una antigua leyenda, san Pedro ordenó al diablo que trajera las piedras necesarias para la construcción de la nueva iglesia de Vyšehrad. El lugar era gestionado por un sacerdote que había recurrido a los poderes diabólicos y se había entregado al Infierno antes de arrepentirse. San Pedro se apiadó de él y le aconsejó que apostara con el diablo a que terminaría la misa antes de que el diablo regresase con una columna de la basílica de san Pedro de Roma. El diablo hubiera tenido tiempo de sobra para ganar si san Pedro no lo hubiera hecho caer, tres veces, cerca de Venecia (de ahí que se diga que la columna está partida en tres).

Cuando volvía de Roma a Praga, el diablo dejó cerca del pueblo de Kolence, en Bohemia del Sur, una lápida grabada en la que se ven huellas de garras y su imagen.

Sin embargo, cuando llegó a Praga, fuera de plazo y habiendo perdido la apuesta, lanzó de rabia la columna sobre la roca de Vyšehrad.

En 1655, durante un exorcismo, el diablo declaró por la boca del poseído llamarse Zardan. Desde entonces, la columna lleva su nombre.

Observemos que los anales de demonología mencionan de hecho a un tal Václav Králiček, antiguo sacerdote de la iglesia de Vyšehrad, como un célebre exorcista.

¿UN MENHIR EN VYŠEHRAD?

La columna del diablo es considerada a veces un antiguo menhir. En la obra de un geógrafo bávaro de los años 800, ya se cuenta que un pilar de piedra se alzaba en Petřín en 750. El obispo de Praga, Adalberto, creía que esta columna era un símbolo pagano y ordenó trasladarla a Vyšehrad. Durante su traslado, se habría roto en tres trozos que aún yacen en el sitio…

Cerca de la columna del diablo, frente a la iglesia de San Pedro y San Pablo, hay un muro de piedra que al parecer pesa más que la parte más importante de la columna. Su origen, su finalidad y su autor se desconocen. Es posible que se trate de un menhir del que sólo se ha conservado la parte inferior, que fue transformada en la era cristiana para servir de zócalo a una cruz o una estatua.

---

1 J. Tondriau y R. Villeneuve : Dictionnaire du Diable et de la démonologie, 1968, p. 46

EL FRESCO DEL DIABLO
Iglesia de San Pedro y San Pablo

Un gran fresco que describe la leyenda de la columna del diablo (ver más arriba) decora la pared izquierda del interior de la iglesia de San Pedro y San Pablo. Muestra, simultáneamente, las tres acciones del diablo, como si se tratara de un cómic medieval: en el horizonte, se vislumbra primero al diablo corriendo de Roma a Praga, luego se le ve sobre la iglesia con una columna rota por san Pedro, y por último, dentro de la iglesia, una columna rota sobre la que un sacerdote está de pie.

Cabe destacar que, según algunos informes, la columna de Zardan estaba originariamente dentro de San Pedro y San Pablo debajo de un agujero irregular en el techo.

EL LEGENDARIO CABALLO ŠEMÍK: ¿UN ARQUETIPO DE LA "CÁBALA ORAL"?

Los términos relativos al caballo o a la yegua son muy frecuentes en la terminología alquimista. Aluden al término latino "cabalus" y "cabala" como palabra escondida de la naturaleza ya que Šemík significa en alemán "schamig", es decir, escondido. Si la cábala tenía un discurso oculto, entonces el salto real de Šemík podría constituir el arte alquímico en su más alto nivel.

El hermetismo también distingue la "cábala oral" basada en la asonancia, llamada también "lenguaje de los pájaros", de la cábala judía en la que existe una relación íntima entre los números y las letras. Encontramos esta diferencia en la forma escrita de la palabra cábala: con una b en el sentido de "cábala oral", con 2 b en el sentido de la *kabbalah* judía. ¡Y es que Šemík habla! Este tema de cuento de hadas recuerda no sólo la "cábala oral" sino también el discurso universal de la naturaleza y de sus criaturas. Cuando Šemík susurró al oído de Horymír: "¡Aguante, amo!", no hay que ignorar el sentido oculto de este salto. Según otra leyenda, Šemík procede de una yeguada especial de caballos blancos* de Koněprusy, un pueblo al oeste de Praga y antiguo centro celta de Bohemia. Nótese que el nombre de Koněprusy también tiene un sentido de "cábala oral" porque kůň (plurial koně) significa caballo, caballos y *prusý* significa rubio. Aunque se piensa que esta leyenda es tardía, el análisis de los nombres y la comparación con otros mitos permiten asociarla con todos los arquetipos del ciclo épico ligado a Vyšehrad. Por citar sólo un ejemplo, etimológicamente, el caballero Horymír (Montanus) es aquel "que mide la montaña" o "que trae la paz". Pero Montanus (Bergman en la mitología alemana) significa también "cobold", el espíritu de la mina, que impide que los mineros se lancen a una prospección desenfrenada e intenta reconciliarlos con el orden de la naturaleza. En esta jerarquía mitológica, el príncipe Křesomysl es la representación de Wotan (Júpiter), el "que necesita metales preciosos". En cuanto a Šemík (es decir, *púdico*, *oculto*, *disimulado*), no es otro que el caballo solar blanco de Přemysl, el mítico fundador del reino de Bohemia.

¿DÓNDE ESTÁ LA TUMBA DE ŠEMÍK?

En el pueblo de Neumětely, a unos cuarenta kilómetros al sudoeste de Praga, se encuentra la propiedad del caballero Horymír. Al norte del pueblo está la colina Košík (la cesta) donde, según la leyenda, fue edificado el castillo. Tras su famoso salto por encima de la muralla de Vyšehrad y del Moldava, fue enterrado fuera de los muros de Neumětely. El meticuloso mantenimiento de la tumba del mítico caballo demuestra la tenacidad de la leyenda. La tumba de Šemík, de piedra natural, se encuentra en el centro de un espacio abierto, cubierto con un tejado de tejas. En el siglo XIX, se trasladó y se abrió la tumba, pero no se encontró nada en su interior. Los habitantes de Neumětely, respetuosos de la tradición, exigieron que la tumba fuera recolocada en su sitio original.

* Plavý (rubio) en su sentido antiguo significa blanco. Por eso plavý kůň se traduce por caballo blanco.

EL BAÑO DE LIBUŠE ❹

Pevnost Vyšehrad, kostel sv. Petra a Pavla
• Metro: Vyšehrad. Tranvía: <u>3</u>, <u>7</u>, <u>17</u>, <u>21</u>; Parada: Výtoň

El baño de Libuše, donde se encuentran los restos de un pequeño castillo, es el lugar donde se bañaba la princesa Libuše, según una antigua leyenda.

> *El legendario salto de Horymír*

También es desde donde saltó Horymír con su caballo Šemík: en la época del príncipe Křesomysl que asediaba Vyšehrad, el caballero Horymír fue condenado a muerte por haber querido cerrar las minas de plata de Příbram, ciudad minera al sur de Praga. Según la leyenda, se salvó gracias al prodigioso salto de Šemík, su fiel caballo hablador que saltó por encima de las rocas de Vyšehrad y del Moldava.

Tras llevar a Horymír a su pueblo de Neumětely (al sudeste de Praga), murió a consecuencia de sus heridas.

Se afirma a menudo que esta antigua leyenda praguense se inspiró de leyendas extranjeras como la de Dietrich von Bern o Teodorico el Grande en las que también aparece un caballo similar a Šemík.

ESCULTURA DEL HOMBRE SIRENA ❺

Casa U Tunglů
Vyšehradská ulice 8
• Tranvía: 3, 7, 17, 21; Parada: Výtoň

*El hombre
sirena
de Podskalí*

En la calle Vyšehradská, la misteriosa casa *U Tunglů* posee una sorprendente estatua que, aparentemente, se asemeja a un mono. En realidad, es la estatua de un ondino (u hombre sirena) y recuerda una leyenda que corre en Podskalí, un pueblo muy ligado a las aguas del Moldava.

Según esta leyenda, el ondino de Poskalí (casi todos los pueblos de Chequia tienen su propio ondino) ahogó un día al hijo de un pescador. Como represalia, la madre del chico se estuvo vengando en los hijos del ondino hasta que él se comprometió a no ahogar a más niños de Podskalí.

De esta casa también se cuenta que estuvo habitada un tiempo por un monje sin cabeza.

Hoy, la calle Vyšehradská sigue el mismo trazado que la antigua carretera que unía Vyšehrad con la Ciudad Vieja antes de que naciera la Ciudad Nueva.

¿QUÉ ES UN ONDINO?

El ondino (masculino de "ondina"), u hombre sirena (*wasserman* en alemán o *hastrman*, *vodnik* en checo), es un ser fabuloso de los cuentos checos y alemanes que vive bajo el agua donde custodia las almas de los ahogados, escondidas en pequeños botes. Con su piel verde, sus ojos grandes y sus dedos palmeados, se parece claramente a un sapo. Llamado también *Espíritu de las aguas*, esta criatura que habita los lagos capturó un día a una joven, la encerró en su palacio bajo las aguas y la dejó embarazada. La joven deseaba volver a tierra durante solo un día y prometió volver. El ondino aceptó, pero al no regresar la joven, fue a buscarla a casa de su madre quien se negó a entregársela. Lleno de ira, provocó una tormenta que depositó el cadáver de su hijo en el umbral de la puerta de su esposa. "La ondina" también es una ópera del compositor checo Antonín Dvořák (1896).

MUSEO PRAGUENSE DE DEPURACIÓN DE AGUAS

Calle Podolská 15/17
• Tranvía: 3, 16, 17, 21; Parada: Podolská vodárna
• Visita del museo previa reserva únicamente
• Tel.: 272172345 • E-mail: jiri.dejmek@pvk.cz
• www.pvk.cz/muzeum-prazskeho-vodarenstvi.html

*La catedral
de las aguas*

Construida en hormigón armado entre 1927 y 1929, la planta depuradora de aguas, conocida como "palacio de las aguas", es uno de los edificios industriales más bonitos de Praga y una de las construcciones más destacadas del arquitecto Antonín Engel (1878-1958).

A principios de los años 50, y según el proyecto original de Antonín Engel, se construyó en el lado sur una segunda sección de filtrado de aguas, unida al primer edificio por un puente.

Modernizada hace poco, la planta, que sigue en activo, extrae agua del Moldava y completa así el abastecimiento de agua potable en la ciudad, que se abastece también del agua de los manantiales del Karaný y de la Želivka.

Desde 1952, el Museo Praguense de Depuración de Aguas (Muzeum pražského vodárenství) ha abierto, en la planta, las antiguas estaciones de filtrado para que puedan visitarse.

El interior de la estación de filtrado está separado por muros de cristal que ofrecen una vista impresionante del tamaño del edificio.

En el museo, también se pueden ver antiquísimos conductos de madera de la época de Rodolfo II así como bombas de agua, también muy antiguas.

EN LOS ALREDEDORES:
EL FLUVIÓMETRO DEL MUELLE DEL MOLDAVA EN VÝTOŇ

Rašínovo nábřeží
• Tranvía: 3, 7, 17, 21; Parada: Výtoň
La crecida de las aguas y las eventuales amenazas de inundación están controladas permanentemente por distintos fluviómetros repartidos por la ciudad. Aunque el más antiguo es probablemente el busto de Bradáč en el muelle cercano al Puente Carlos (ver p.71), hay otro fluviómetro en el muelle del Moldava en Výtoň: el nivel del agua está controlado por un cuadrante redondo insertado en una pequeña torre situada en el muro del muelle.

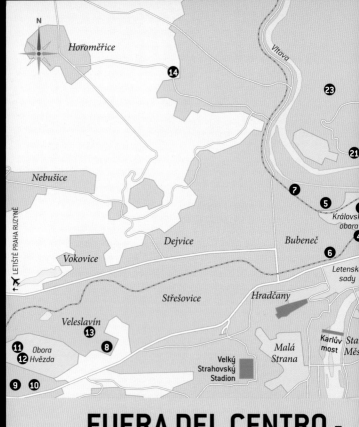

FUERA DEL CENTRO - NORTE

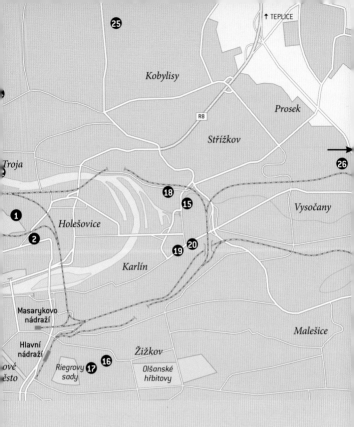

PANORAMA DE MAROLD ❶

Výstaviště
• Tel.: +420 220 103 210
• Metro: Holešovické nádraží. Tranvía: 5, 12, 14, 15, 17; Parada: Výstaviště • Horario: de martes a viernes de 13 a 17 h. Sábado y domingo de 10 a 17 h. Cerrado en invierno

El panorama de una batalla memorable

En Výstaviště, el Maroldovo panorama (panorama de Marold) es un sorprendente edificio circular, construido en 1908 según los planos de Jan Koula. Sus muros interiores, circulares, están decorados con

la extraordinaria obra del pintor checo Luděk Marold "La batalla de Lipany", pintada en 1897-1898 y ejecutada en colaboración con Václav Jansa. Los objetos que figuran delante del lienzo, relacionados con la batalla, fueron imaginados por otros pintores y por Karel Štapfer. Con sus 11 metros de alto, sus 95 metros de largo y una superficie de 1045 m², el panorama de Marold es la ilustración más grande que haya de un acontecimiento histórico ocurrido en Bohemia.

¿QUÉ ES UN PANORAMA?

El panorama, que vivió su momento de gloria en el siglo XIX, es una rotonda con una iluminación cenital y cuyos muros interiores circulares están decorados con frescos pintados en trampantojo. Quedan unos quince panoramas en el mundo. He aquí algunos:

Panorama Mesdag en La Haya (Países Bajos). El panorama más antiguo del mundo conservado en su lugar original.

Panorama de Raclawicka (Wroclaw – Polonia)

Panorama Bourbaki (Lucerna – Suiza)

Panorama de Nuestra Señora de Lourdes (Francia)

Panorama de Thoune (Suiza)

Panorama de Morat (Suiza)

Panorama de Pleven (Bulgaria)

Panorama de la Batalla de Waterloo (Bélgica)

En Bruselas, un antiguo panorama ha sido transformado en aparcamiento (ver la guía "Bruselas insólita y secreta" del mismo editor).

ENTRADA DEL "CROSSCLUB"

2

Calle Plynární 1096/23, Praha 7
• Metro: Holešovické nádraží

No muy lejos de la estación de Holešovice, hay una extraordinaria instalación metálica que es la entrada de un café, una pequeña sala de cine, unas galerías y un

Un club futurista

club de música, todo en uno, llamado "Crossclub" y concebido como un centro multicultural.

El "Crossclub" es un espectáculo en sí mismo. Su fascinante diseño futurista fue creado por el decorador František S. Chmelik.

LA GALERÍA DE RUDOLF

Stromovka
- Entrada cerca del restaurante Šlechta
- No se visita
- Tel.: +420 777 293 339 • www.nautilus.cz
- Metro: Holešovické nádraží. Tranvía: 5, 12, 14, 15, 17; Parada: Výstaviště

Una obra maestra de ingeniería

El coto real (popularmente llamado Stromovka), con una superficie de unas 90 ha, es uno de los parques más bonitos de Praga. Este coto fue creado en el siglo XVI bajo el reinado de Rodolfo I quien quería construir en él un pabellón de caza en lo alto y agrandar los estanques para criar truchas y pájaros. Como el Moldava abastecía de agua el gran estanque de Stromovka, se cavó una extraordinaria galería llamada Rudolfova štola bajo la colina Letná.

Lazarus Ercker de Schreckenfels, controlador general de las minas del reino y autor del proyecto, tuvo la genial idea de aprovechar el grado de inclinación de la pendiente del Moldava entre la Ciudad Vieja y Stromovka para facilitar la llegada del agua. Tras 10 años de obras, la Rudolfova štola se inauguró el 17 de julio de 1593.

Con una diferencia de 110 cm entre el nivel superior e inferior, la galería tiene de 2 a 4 m de alto, de 90 a 150 cm de ancho y mide 1098 m de largo. Termina en Stromovka en un portal rematado con una corona que lleva inscritas la fecha de la finalización de la construcción (1593) y la letra R (Rodolfo II).

Una pequeña casa, de nombre "havírna", situada en el margen izquierdo en lo alto de la presa de piedra de Helmovský jez, lleva el agua del río a los estanques del coto real.

LOS CONDUCTOS DE VENTILACIÓN DE LA GALERÍA DE RUDOLF

Originalmente había cinco conductos, dos de los cuales siguen siendo visibles en la actualidad.

Uno de ellos está en medio de la calle Čechova cerca del cruce con la calle Sládkova, en el barrio de Letná. Tiene 43 m de profundidad y está rematado con un sombrerete de hierro fundido.

La parte exterior del conducto, visible delante del número 16 de la calle Čechova, es un pasillo de desvío de la galería principal.

Hay otro conducto de ventilación de 42 m de profundidad en el cruce de las calles Kostelní y Nad štolou, en la salida que lleva a las pistas de tenis.

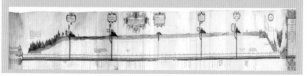

1- principio de la galería,
2-3 conductos de ventilación,
4- final de la galería en Stromovka

RELOJ DE SOL DE LA RESIDENCIA DE VERANO DEL GOBERNADOR ❹

Residencia de verano del gobernador
Stromovka 56
• Tranvía: 1, 8, 15, 25, 26; Parada: Letenské náměstí. Bus: 131; Parada:
Sibiřské náměstí

Un reloj de sol único

E n la esquina del pequeño jardín de Místodržitelský letohrádek (residencia de verano del gobernador situada en las alturas, al sur de Stromovka), hay un sorprendente reloj de sol esférico con un gnomon móvil que data de 1698, restaurado en 1772.

El mármol rojo está tallado con inscripciones latinas, los signos del zodiaco

y símbolos del sol, de la luna y de los planetas.

La residencia de verano del gobernador, edificada en el siglo XIII, luce su arquitectura actual desde el siglo XIX. Los Luxemburgo, los Jagellón y los Habsburgo la usaron como pabellón de caza. Durante la Guerra de los Treinta Años, fue la sede provisional del comandante en jefe del ejército sueco Wittenberg, razón por la cual no fue destruido como otros muchos palacios de la ciudad.

En 1804, el coto real fue abierto al público y, en el mismo año, se inició la restauración al estilo neogótico de la residencia de verano. Su nombre proviene de su uso como sede de verano del gobierno monárquico en el siglo XIX.

Sólo se conserva la torre con escalera de caracol en su forma original. Al final de la escalera, un león de piedra, con el monograma del rey checo Vladislao Jagellón (W) inscrito en un escudo, domina sobre una columna interior.

LA CUEVA DEL MOLINO DEL EMPERADOR

Calle Mlýnská 22, Praha 6
• Bus: 131; Parada: Nemocnice Bubeneč. Tren: parada Nádraží Bubeneč
• Tel.: +420 720 141 462
• www.cisarskymlyn.com
• La cueva es visible a través de una reja

Del antiguo molino del coto real de Bubeneč (Residencia Císařský Mlýn), construido a partir de 1581 y adquirido por Rodolfo II en 1584, no queda más que la cueva, y la puerta rematada con la letra R (inicial del nombre del emperador), rodeada de viviendas residenciales. La cueva artificial fue aparentemente utilizada por el emperador como oratorio privado para meditar.

¿El lugar donde meditaba Rodolfo II?

El molino del emperador también fue utilizado para la talla de piedras preciosas que, en la época de Rodolfo II, era obra del célebre Dionysio Miseroni y, más tarde, de su hijo.

LAS PRECIOSAS VILLAS DE LA CALLE SLAVÍČKOVA

⑥

Calle Slavíčkova, Bubeneč
• Metro: Hradčanská. Tranvía: 15, 36; Parada: Špejchar

> *Un concentrado de artistas*

La calle Slavíčkova está ligada al arte desde hace tiempo: hoy lleva el nombre del célebre pintor impresionista checo Antonín Slavíček, hasta 1947 se llamaba calle Mánesova (Josef Mánes fue un famoso pintor checo del siglo XIX que decoró el reloj de la Ciudad Vieja) aunque también se llamó, por poco tiempo, después de la Segunda Guerra Mundial, calle Mařákova (por el paisajista Julius Mařák).

Algunas de sus casas son también increíbles creaciones arquitectónicas.

La villa del nº 17 perteneció al arquitecto Jan Koula quien la construyó en 1895-1896, con un estilo que mezcla la arquitectura popular y el gótico tardío, y decoró la fachada con grafitis. La estatua de la ermita de San Iván, esculpida por Stanislav Sucharda, vecino de Koula, está situada en un nicho a la derecha de la entrada.

Justo al lado, la villa del número 15 fue construida en 1896 para Stanislav Sucharda antes de que su hermano, el escultor Vojtěch Sucharda, la comprara. Sobre la fachada se ve un fresco del pintor checo Mikolaš Aleš que representa

al abad del monasterio de la Sazava Božetěch, el pintor checo más antiguo.

Enfrente, en el número 7, la villa del pintor y arquitecto del modernismo K. V. Mašek recuerda a la de Jan Koula, mencionada más arriba, pero con una decoración aún más rica.

En el jardín, una preciosa terraza conduce a una cueva artificial.

En el número 4 de la calle, la villa fue construida en 1907 por el célebre arquitecto Dušan Jurkovič.

LA ANTIGUA ESTACIÓN DEPURADORA DE AGUAS ❼

Calle Papírenská 6, Bubeneč
• Bus 131; Parada: Nádraží Bubeneč
• e-mail: infocistirna@gmail.com • www.staracistirna.cz
• Tel.: +420 602 318 357
• Abierto todo el año • Visitas guiadas de lunes a viernes a las 11 y a las 14 h. Sábado y domingo a las 10, 12, 14 y 16 h

Una antigua catedral industrial

Catalogada monumento histórico, la antigua depuradora de aguas de Bubeneč es un edificio importante de la arquitectura industrial checa.

En 1991, los edificios fueron rehabilitados; desde entonces, se puede visitar este espectacular lugar, sus canalizaciones subterráneas y su sala de máquinas a vapor para conocer la historia de las alcantarillas y de la depuración de las aguas residuales.

Construida entre 1901 y 1906 según los planos del ingeniero inglés W. H. Lindley, la depuradora estuvo en activo hasta 1967, año en que se construyó una depuradora moderna no muy lejos de ahí, en la isla de Císařský ostrov.

FRESCO DEL MILAGRO DE GUNTERO ❽

Monasterio de Břevnov
Calle Markétská 28/1, Břevnov
• Visita: sábado y domingo a las 10, 14 y 16 h
• De lunes a viernes: previa reserva (Tel.: +420 220 406 270;
e-mail: klaster@brevnov.cz)

*El ala
rotada
del pavo real*

En la primera planta del monasterio de Břevnov, el techo de la sala Tereziánský fue pintado por el bávaro K. D. Asam en 1729. En una esquina se ve el Milagro de Guntero el bienaventurado (*Zázrak blahoslaveného Vintíře*), uno de los frescos mejor conservados y más valiosos de la época barroca en Praga.

El fresco ilustra una leyenda muy sorprendente según la cual el santo de la montaña Šumava Vintíř habría acudido un día a un festín donde se servía pavo real asado.

Como el festín se estaba celebrando en un día de ayuno, el santo, al constatar el sacrilegio, dejó que el ave asada sobre la mesa retomara el vuelo.

Observando el fresco con atención, se ve un detalle curioso: el pavo real, que levanta el vuelo, tiene el ala derecha rotada, en una posición físicamente imposible.

Según la misma leyenda, el abad Zinke, que había encargado el fresco al pintor, no quiso pagar la suma exigida. El artista se habría vengado pintando un pavo real de esta guisa.

EL MONUMENTO DE LA BATALLA DE BILÁ HORA

❾

Ruzyně
Calles Řepská o Pod mohylou
• Tranvía: 22; Parada: Bilá Hora. Bus: 164, 225

> *El recuerdo de la batalla de la Montaña Blanca*

Bilá Hora (la "Montaña Blanca") fue el lugar donde acaeció la última fase de la primera gran batalla de la Guerra de los Treinta Años, cuyas consecuencias políticas y militares dejaron profundas marcas en Bohemia y en el resto de Europa.

La batalla fue breve, pero sanguinaria: aunque los soldados de infantería moravos resistieron largo tiempo, acabaron refugiándose tras los muros de la residencia de verano de Hvězda donde terminaron siendo masacrados. El protestante Fridrich Falcký, apodado el "rey de invierno", abandonó rápidamente Praga y la Liga Católica de Alemania celebró su victoria sobre el Estado checo, que perdió 2000 hombres.

En 1920 se construyó un monumento, obra del escultor F. Bílek, en el lugar más elevado del cerro de Bilà Hora para conmemorar el 300 aniversario de una de las batallas checas más importantes.

DESCARTES: UN FILÓSOFO SOLDADO

Se cuenta que el célebre filósofo francés René Descartes combatió, durante la batalla de Bilá Hora, en las filas del ejército del emperador como artillero.

Según la leyenda, fue al recobrar el conocimiento tras ser herido cuando pronunció la célebre frase: *Dubito ergo cogito, cogito ergo sum* (dudo luego pienso, pienso luego existo).

GRABADO DE "LA ADORACIÓN DE CRISTO" ❿

Capilla de Nuestra Señora de la Victoria
Calle Zbečenská, Ruzyně
• Tranvía 22; Parada: Bílá Hora. Bus: 164, 225
• Visita previa reserva en el monasterio de Břevnov

*Una
estampa
que permitió
la victoria de
la Montaña Blanca*

uando la Guerra de los Treinta Años estalló (1618-1648), el monje carmelita Dominique, armado con una espada bendecida, dejó Roma para ofrecer su ayuda a los ejércitos católicos. Acompañó al ejército bávaro del duque Maximiliano I hasta Bohemia. Además de la espada, traía consigo una imagen de la adoración de Cristo que había encontrado en el castillo de Strakonice (aunque según otra versión, esta imagen provenía de la capilla de Štěnovice al sudeste de Bohemia) y que había sido dañada por los protestantes: habían agujereado los ojos de todos los personajes, salvo los del Niño Jesús.

Tras bendecir a los soldados católicos con esta imagen, que llevaba colgada al cuello, rezó por ellos durante el tiempo que duró la batalla de Bilá Hora, razón por la cual se atribuyó el mérito de la victoria a él y a la milagrosa estampa.

No fue hasta más tarde cuando se empezó a describir la batalla como el escenario de acontecimientos sobrenaturales: se cuenta que hubo balas que rebotaron sobre la estampa y que unos destellos cegaron a los soldados protestantes. Tras la batalla, el hermano Dominique llevó la imagen a Roma y se la entregó en mano al papa Gregorio XV.

En 1622, la estampa fue solemnemente trasladada de la basílica romana de Santa María Maggiore a la iglesia de la Conversión de San Pablo, rebautizada como la iglesia Santa Maria della Vittoria en esa ocasión. Aunque el altar donde se exhibía se incendió en 1833, existen tres copias en la actualidad, dos de ellas de época: una está expuesta en la sacristía de la iglesia de Santa Maria della Vittoria en Roma, la otra está en la iglesia de Nuestra Señora de la Victoria en Malá Strana, y la última, de época más tardía (1708), es un grabado que se halla en la capilla dedicada a Nuestra Señora de la Victoria (Kostel Panny Marie Vítězné) que sustituyó a una pequeña capilla dedicada a San Venceslao, erigida en el lugar de la batalla.

La imponente cúpula de dicha capilla fue probablemente construida por G. Santini y los cuadros ejecutados por C. D. Asam, J. A. Schöpf y W. L. Reiner.

La leyenda del poder mágico de la estampa es también el tema del relieve situado sobre la puerta principal de la capilla.

LOS ESTUCOS ESOTÉRICOS DEL PALACETE ⑪
DE LA ESTRELLA

Liboc
• Tranvía: (espacio) 22, 1; Parada: Vypich ; Bus: 179, 184, 191, 510;
Parada: Petřiny

¿Una
verdadera residencia
filosófica ?

Dicen que fue el propio Fernando de Tirol quien sugirió que, en los planos, la residencia de verano Hvězda (Palacete de la Estrella) tuviera forma de hexágono mágico, para ocultar su relación amorosa secreta con su amante Philippine Welser. Construido en 1555, el edificio se distribuye en tres plantas y un sótano; los números de la fecha de edificación expresan no sólo la cantidad de estancias por planta (una estancia en la última planta y cinco en el resto de plantas) sino también los cuatro elementos de la alquimia de arriba abajo: el fuego, el aire, el agua y la tierra. Lugar de la trágica batalla de la Montaña Blanca, el Palacete de la Estrella fue saqueado en el siglo XVIII, antes de ser transformado en un almacén de pólvora y de ser al fin abierto al público a mediados del siglo XIX. A pesar de su agitada historia, el Palacete de la Estrella también ha logrado conservar sus increíbles estucos de la planta baja, inspirados en antiguos estucos romanos, correspondiendo cada uno a un dios del panteón romano asociado a su planeta y a su metal, una distribución que encontramos en los tratados de los antiguos alquimistas.

El vestíbulo circular central, representación del sol (el oro), alberga en su centro el relieve de Eneas huyendo con su padre y llevando consigo los Penates en el incendio que destruyó Troya. Según la leyenda, este héroe solar se dirigió al oeste guiándose por la estrella de Venus antes de fundar Roma. En el Palacete de la Estrella, también es muy significativo que este relieve represente a Eneas yendo en la misma dirección en la que sale la estrella de Venus, cuando se ve por la ventana del pasillo oeste.

En la bóveda del vestíbulo central, seis relieves ilustran la historia legendaria de Roma y forman un conjunto iconográfico llamado *Speculum virtutis* (el Espejo de la Virtud): comparten los temas a menudo repetidos en los escritos alquimistas. En el relieve que describe el amor familiar, aparece la leyenda del viejo Cimón y su hija Pero que lo visitó en la cárcel y le dio el pecho, un motivo que recuerda la conminación a menudo reiterada: "Da de beber al anciano la leche de la Virgen".

EL PALACETE DE LA ESTRELLA, COMO PUNTO FINAL DEL CAMINO ESOTÉRICO REAL

Así como el Hrad (Castillo) es la meta exotérica del Camino Real (ver p.16), el Palacete de la Estrella sería la culminación del camino esotérico real: el Camino Real lleva al oeste, ahí donde se despierta al atardecer la estrella de Venus. Es la marca de la vía sagrada hacia "el camino de la Estrella" parecida a la que, en París, va del Louvre, por los Campos Elíseos, a la plaza de la Estrella, en un simbolismo idéntico.

EN LOS ALREDEDORES:

LA PIEDRA DEL POETA ANDRÉ BRETON ⑫

Los poetas inspirados siempre han estado familiarizados con las obras de los antiguos alquimistas. De ingenio agudo y sagaz, el poeta surrealista francés André Breton comprendió, durante su estancia en Praga en 1935, el profundo valor poético-esotérico del Palacete de la Estrella lo que transcribió seguidamente en el mágico final de unos de los capítulos de su novela *El amor loco*: "Junto al abismo, construido en piedra filosofal, se abre el castillo estrellado." Su célebre amigo Max Ernst ilustró su texto con un dibujo de la estrella imaginaria. En 2005, año del 450 aniversario de la fundación del Palacete de la Estrella, una exposición estuvo dedicada a las estrellas así como a su influencia e inspiración en la construcción de este palacete. En aquella ocasión, colocaron junto al palacete (a la derecha de la entrada principal) una piedra grabada con un fragmento de este texto de Breton en los dos idiomas y la firma del poeta francés.

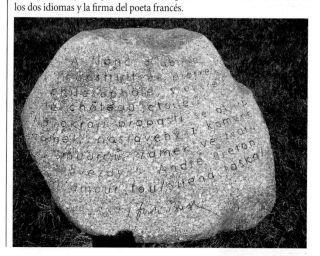

PENSIÓN VĚTRNÍK

⓭

Calle U Větrníku 40/1
Praha 6
• Tel.: +420 220 612 404 o +420 220 513 390
• E-mail: pension@vetrnik1722.cz

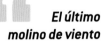

El último molino de viento

En el barrio de Petřiny, la casa de huéspedes Větrník (molino de viento) sorprende por su torre redonda, incorporada al edificio principal. Es un vestigio del último molino de viento de tipo holandés en Praga.

En 1277 Godofredo, abad del monasterio de Břevnov, encargó la construcción de un molino de viento de madera para su monasterio. Este molino tenía su propio pozo de 30 m de profundidad que se sigue usando hoy.

Reconstruido en piedra en 1772, fue comprado al monasterio en 1794 por la familia del molinero Kohoutek y sirvió para moler trigo hasta los años 1860. En 1905, fue rehabilitado y formó parte de un conjunto de viviendas. Hoy es una casa de huéspedes.

EL MANANTIAL DE HOUSLE ⑭

Lysolaje
Rue Nad Pramenem
• Bus: 160, 355; Parada: Lysolaje

*Un agua
terapéutica
milagrosa*

Lysolaje era una pequeña localidad agrícola y vinícola que pertenecía al Castillo de Praga.

Diversas excavaciones arqueológicas han demostrado la existencia de viviendas desde la prehistoria. Es propiedad de la ciudad de Praga desde 1999 con el nombre de Praha – Lysolaje, y el municipio ha conservado su carácter rústico y romántico.

En el fondo de un profundo barranco poblado de árboles, al oeste de Lysolaje, surge el manantial del Housle (Violín), que antaño abastecía de agua potable a los habitantes del municipio. La tradición local atribuye propiedades terapéuticas a esta agua, que sería por lo tanto milagrosa.

Justo encima del manantial, una capilla de imitación barroca fue construida en 1863. Alberga un cuadro que representa a María de los Siete Dolores.

EL MURO EN HONOR A BOHUMIL HRABAL ⓯

Calle Na Hrázi, Libeň
• Metro: Palmovka. Tranvía: 10, 24, 25, 3, 8, 12, 15, 19, 24; Parada:
Palmovka

En el dique de la Eternidad

En el 24/326 de la calle Na Hrázi (en el dique), llamada poéticamente "En el dique de la Eternidad", en Palmovka, vivía Bohumil Hrabal, uno de los escritores checos más ilustres del siglo XX. Vivió aquí en una pequeña casa desde 1950 y durante 23 años, uno de los periodos más felices de su vida.

En varios de sus libros, es en el barrio del viejo Libeň donde se desarrollan sus historias. Los trabajos de saneamiento de este extraño barrio culminaron en 1988 con la construcción de la estación de metro Palmovka y la estación de autobuses. La casa del escritor y una parte de las casas de la calle Na Hrázi fueron derribadas y reemplazadas por un monstruoso muro de hormigón.

En 2000, el artista T. Svatošová realizó el *collage* "Homenaje a Bohumil Hrabal", donde pintó fragmentos de las obras del escritor, su figura en grande, su indispensable máquina de escribir y otros objetos suyos.

EL ANTIGUO CEMENTERIO JUDÍO DE LAS VÍCTIMAS DE LA PESTE

Mahlerovy sady, calle Fibichova, Praha 3
• Metro: Náměstí Jiřího z Poděbrad. Tranvía: 11; Parada: Náměstí Jiřího z Poděbrad
• Horario: lunes y miércoles de 11 a 15 h. Viernes de 9 a 13 h. Cerrado durante las fiestas judías

> *¿La tumba del Golem?*

La torre de televisión de Žižkov reina en Mahlerovy sady (los jardines de Mahler), un antiguo cementerio judío para las víctimas de la peste del que sólo una ínfima parte ha sido conservada y está abierta al público. Según una leyenda praguense, el Golem fue aparentemente enterrado aquí. De hecho, una antigua leyenda judía cuenta que, en la época en que el Golem fue convertido de nuevo en arcilla, la judería estaba asolada por la peste. A la muerte de su hija, uno de los habitantes de la judería habría metido discretamente el cuerpo de la difunta en el ataúd con los restos del Golem, y, con la ayuda de su hijo, habrían llevado el ataúd en un carro en plena noche hasta el lugar conocido hoy como Žižkov, para enterrarlo en secreto. Sin embargo, las distintas versiones de la leyenda difieren: según una primera versión, habrían llegado a la colina llamada Židovské pece (los hornos judíos), mientras que otra versión afirma que el cuerpo fue embalsamado en una sepultura en el cementerio para las víctimas de la peste: el Mahlerovy sady de hoy.

ESCULTURA DE KRAKONOŠ – RÜBEZAHL ⓱

Calle Čerchovská 11, Praha 2
• Metro: Náměstí Jiřího z Poděbrad. Tranvía: 11; Parada: Náměstí Jiřího
z Poděbrad

> *El símbolo*
> *personificado*
> *del monarca*
> *de las montañas*

La calle que lleva a los jardines de Rieger (Riegerovy sady) hacia la torre de televisión de Žižkov se llama Krkonošská por el gran macizo montañoso situado en la frontera checo-polaca (Krkonoše). Su legendario monarca era Krakonoš – Rübezahl, gigantesco espíritu de las montañas y genio personificado de la región, razón por la cual su imponente busto decora la esquina de una casa situada entre las calles Krkonošská y Čerchovská.

¿QUIÉN ERA REALMENTE KRAKONOŠ?

El nombre de Rübezahl – Rybrcoul aparece en las leyendas checas y alemanas desde el siglo XV; primero en forma de espíritu de las montañas y los bosques, luego en forma de demonio del viento, de gigante y de genio. Desde el siglo XVI, su antiguo nombre Rübezahl es objeto de burlas. Los alemanes crearon su nombre de la palabra *Rühe* (remolacha) y *Zahlen* (pagar) porque en numerosas leyendas, Rübezahl no pagaba con dinero sino con remolachas.

Otra etimología otorga el origen de su nombre a la palabra Luciper (diablo), que, leída al revés, forma el nombre de Repicul.

En su tratado *Miscellenea Historia Regni Bohemia* de 1679, B. Balbin, un jesuita checo, lo describió como un fantasma sentado en las paredes escarpadas de la cima del monte Sněžka, columpiando las piernas y gritando con voz monótona.

A veces también adopta el aspecto de un monje, de un minero, de un cazador, de un anciano, incluso de un caballo salvaje, de una rana, de un gallo o de un cuervo.

Cuando se unía a los peregrinos, les revelaba secretos de la naturaleza y de las montañas, pero si se sentía insultado, se transformaba en un terrible demonio, dominaba los elementos naturales y sembraba rayos, lluvia, granizo o nieve en verano.

Antaño, la gente acudía a los manantiales montañosos del Elbe y se sacrificaban en su honor gallos negros. Hasta mediados del siglo XVII, Rüzebahl – Rybrcoul era un personaje local demoniaco, poco conocido por los habitantes de Krkonoše.

Tras la publicación de varias leyendas de J. P. Pretorius (*Daemonologie Rubenzalii Silezii* de 1662 en 3 volúmenes y *Satyrus Etimologicus* de 1672), las historias sobre Rübezahl empezaron a propagarse, especialmente en Alemania, donde los entornos universitarios se interesaron por él. K. A. Musäus desarrolló las tesis de Pretorius.

El vocablo Krakonoš, nombre checo equivalente a Rübezahl, es una creación artificial que, a partir del siglo XIX, reemplazó a Rübezahl, utilizado comúnmente hasta entonces.

Lo encontramos por primera vez en la "Kronika česká" (Crónica checa) de V. Hájek bajo el nombre de "Krkonoss", tal vez una reminiscencia de la "Korkontoi" ptolemaica, designación que un antiguo geógrafo dio a las montañas Krkonoše – Montes de los Gigantes.

EL PORTAL CUBISTA DE LA IGLESIA DE SAN ADALBERTO ⓲

Calle U Meteoru
• Metro Palmovka. Tranvía 10, 24, 25; Parada: Stejskalova
• Tel.: 283 892 404
• Abierto durante las misas: domingo a las 10 h. Martes, jueves, viernes y sábado a las 17 h

En el centro de Libeň, cerca del castillo aunque escondida detrás de unas casas individuales, se alza la sorprendente iglesia de San Adalberto (St Vojtěch), una joya olvidada del modernismo checo.

Una joya modernista olvidada

Construida en madera por el arquitecto Emil Králíček entre 1904 y 1905, la iglesia asombra a sus escasos visitantes por su portal cubista y su extraña torre en forma de casco cuadrado, rematado con un bulbo que culmina a 23,7 metros de altura.

Concebida como una construcción provisional por falta de presupuesto, terminó siendo conservada por su calidad arquitectónica.

EN LOS ALREDEDORES:

En Libeň mismo, en la calle Zenklova, está el precioso edificio modernista de la asociación Sokol (asociación de gimnasia creada en el siglo XIX), construido también por el arquitecto Emil Králíček en 1909-1910.

LOS IMPACTOS DE BALA DEL ANTIGUO GASÓMETRO DE LIBEŇ

Calle Ke Kouli
• Metro Palmovka. Tranvía: 3, 8, 10, 12, 15, 24, 25; Parada: Palmovka
• info@vzlu.cz

> *Una obra maestra de arquitectura industrial*

Construido en los años 30, el antiguo gasómetro esférico de Libeň (Libeňský plynojem), con sus 20 metros de largo y sus 270 toneladas que descansan sobre 8 soportes de chapa anclados a una superficie de hormigón, es una pequeña obra maestra de arquitectura industrial y uno de los últimos gasómetros del mundo en conservar su tanque.

El gasómetro, que estuvo en activo diez años, quedó dañado al final de la Segunda Guerra Mundial por las balas de un avión que perforaron las paredes del lado sur, afortunadamente vacío en aquel momento, y explotaron dentro. Aunque se fijó una placa de metal donde impactaron las balas (en el lado norte de la esfera, las balas de la ametralladora del avión siguen visibles) no se pudo volver a usar como gasómetro y, tras una nueva rehabilitación, se trasladó en 1949 al Instituto de Investigaciones Aeronáuticas. Hoy sigue siendo un instituto de investigaciones científicas que alberga el mayor túnel aerodinámico de la República Checa (ver más abajo).

EN LOS ALREDEDORES:
EL TÚNEL AERODINÁMICO DE LIBEŇ
Calle Ke Kouli
• Metro Palmovka. Tranvía: 3, 8, 10, 12, 15, 24, 25; Parada: Palmovka
• Tel.: 602 445 687 • info@vzlu.cz • Abierto durante los EHD (European Heritage Days), todos los años del 7 al 15 de septiembre

Una semana al año, durante las Jornadas del patrimonio europeo, se puede visitar en Libeň el mayor túnel aerodinámico de la República Checa, instalado en un antiguo gasómetro.

La visita permite comprender mejor el funcionamiento de un túnel de viento, en el que se prueban por ejemplo los modelos a escala de los nuevos aviones. La velocidad del aire simulada en el túnel puede alcanzar Mach 2, es decir, dos veces la velocidad del sonido.

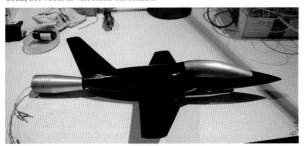

LA CUEVA DEL CASTILLO TRÓJA

Praha 7
• Bus: 112; Parada: Zoologická zahrada
• Horario: de martes a domingo de 10 a 18 h. Viernes de 13 a 18 h (los jardines hasta las 19 h)
• Tel.: 233 540 741

Un conjunto excepcional y desconocido

L a escalera de doble rampa situada delante del castillo de Trója conduce al jardín que esconde, en su centro, una gran cueva artificial. Concebido por los artistas de Dresde, George y Paul Hermann, este conjunto excepcional desprende una atmósfera misteriosa y merece francamente una visita. Al fondo de la cueva, unas esculturas monumentales simbolizan el combate de los Titanes contra los dioses antiguos. Otras estatuas, en el perímetro del semicírculo de la escalera, representan alegorías de los días y de las estaciones así como diferentes partes del mundo. El castillo de Trója, encargo del conde Václav Vojtěch de Sternberg, es en realidad una reproducción de los espléndidos palacetes de los alrededores de Roma que el aristócrata había admirado durante su viaje a Italia. Construido entre 1678 y 1685, el castillo fue diseñado por el arquitecto de origen francés Jean-Baptiste Mathey con la ayuda de Carpoforo Tencalla (autor de los frescos de la planta baja), de Francesco Marchetti y de su hijo Giovanni Francesco (frescos de la primera planta), y de los pintores flamencos Abraham e Isaac Godyn (decoración en trampantojo de la gran sala central). La cueva comunica con los amplios sótanos de origen que hoy albergan una vinoteca.

CAFÉ «U TROJSKÉHO KONĚ»

Calle Vodácká, Trója
- Bus: 112; Parada: Kovárna
- Tel.: 777 267 855
- info@utrojskehokone.cz
- Abierto todos los días de 12 a 20 h
- www.utrojskehokone.cz

> *Vino dentro del caballo de Troya*

A orillas del río Moldava, en el barrio de Trója (Troya en checo), un astuto empresario ha tenido la extraordinaria idea de construir un inmenso y sorprendente caballo de madera, réplica del célebre caballo de Troya.

Se trata de un bar-bodega donde se sirven sobre todo vinos de los viñedos del barrio. Este lugar también funciona como galería de arte.

El nombre del barrio de Trója (Troya) viene del castillo del mismo nombre, cuyo arquitecto era un gran admirador de la arquitectura clásica y de la historia de la guerra de Troya en particular (ver p.207).

EL CABALLO DE TROYA

El caballo de Troya, uno de los episodios más célebres de la guerra de Troya, causó estragos entre troyanos (en la actual Turquía) y griegos. Homero relata brevemente este episodio en la *Odisea* y Virgilio, con más detalle, en la *Eneida*. El origen de la guerra de Troya es el secuestro de Helena, la mujer de Menelao, rey de Esparta (Grecia), por Paris, un príncipe troyano. Para castigar a los troyanos, los reyes griegos se alían y sitian la ciudad. Tras diez años de asedio, los griegos entran en la ciudad gracias a la estrategia del caballo de Troya imaginada por Ulises. Los griegos construyeron un caballo gigante de madera, hueco por dentro, donde se escondió un grupo de soldados. Un espía griego logró convencer a los troyanos de aceptar el regalo, a pesar de las advertencias de Laocoonte y de Casandra. Arrastraron el caballo hasta el recinto de la ciudad y celebraron una gran fiesta. Por la noche, los griegos salieron del caballo y abrieron las puertas de la ciudad, permitiendo que el resto del ejército entrara y saqueara la ciudad.

CEMENTERIO DE LOS ANIMALES ㉓

Calle U Draháně
- Bus: 102; Parada: Staré Bohnice
- Abierto todos los días las 24 h

> *Un fragmento de la gran pirámide de Egipto en Praga*

Delante del antiguo cementerio del Instituto Psiquiátrico de Bohnice, se habilitó en los años 90 un sorprendente cementerio para animales.

Destaca el cuidado que los dueños dan a las tumbas de su animal preferido, tumbas que a menudo parecen jardincillos, rodeados de pequeñas vallas pintadas y decoradas con flores.

Entre estas tumbas y monumentos fuera de lo común, cabe destacar en especial un mojón sobre el que un perro orinó, un fragmento de la pirámide de Keops que un dueño trajo a su perro, y la gran tumba de dos pastores alemanes, enterrados por su dueño holandés junto con un montón de pelotas de tenis.

IGLESIA DE ST. VENCESLAO

Instituto psiquiátrico
Calle Ústavní, Bohnice
• Bus: 177. 200, 202; Parada: Odra
• Tel.: 284 016 109 • E-mail: jaromir.odrobinak@plbohnice.cz
• Abierto durante las misas: lunes, miércoles y viernes a las 15.30 h,
domingo a las 10 h, durante los EHD (European Heritage Days) que
se celebran cada año del 7 al 15 de septiembre y durante los eventos
culturales

Una iglesia modernista en un hospital

Situada en el parque del Instituto Psiquiátrico del barrio del Bohnice, la iglesia de San Venceslao (Saint Václav) es una construcción modernista particularmente interesante, con su torre cuadrada acabada en cúpula. Totalmente apartada de los recorridos turísticos, es completamente desconocida. Razón de más para descubrir este espectacular edificio, construido en los años 1911-1914 por el arquitecto V. Roštlapil.

Desacralizada en los años 50, se usó como almacén de una unidad militar local que gestionaba una parte del instituto psiquiátrico. Desde 1990, la iglesia ha retomado su función religiosa.

EL MENHIR DE CHABRY ㉕

Calle Ládevská, 29/542, Chabry, Praga 8
• Bus: 162, 169, 370, 371, 372, 373, 374, 608; Parada: Prunéřovská

> *El único*
> *menhir*
> *de Praga*

Aunque a principios del siglo pasado, el menhir de Chabry (nombre del pueblo anexionado a Praga en 1968) se erguía en medio de los campos; hoy, está rodeado de casas.

Encajado en la fachada de la casa del número 29/542 de la calle Ládevská, cerca del cruce con la calle Pod Křížem, esta piedra larga (traducción en bretón del término "menhir") sería el único y verdadero menhir de Praga, aunque en el mismo jardín colocaron hace poco una segunda piedra.

La ubicación, sobrealzada, sería también el lugar donde los antiguos caminos que iban a Praga se cruzaban.

Apodado "Kamenný slouha" (el sirviente de piedra), tal vez porque recuerda a la silueta de un hombre inclinado, el menhir es de sílex gris con vetas claras, con un perímetro de 2,75 m y 1,57 m de altura.

En el patio del Instituto Arqueológico de Malá Strana, calle Letenská, 4, (cerrado al público) hay una estela que habría servido de visor óptico para el cromlech que estaba situado cerca del pueblo de Libenice, cerca de Kutná Hora.

MENHIRES: ¿ACUPUNTURA TERRESTRE?

Las corrientes telúricas, originadas principalmente por variaciones en el campo magnético terrestre, son corrientes eléctricas que fluyen bajo la corteza terrestre y se forman a unos 100 km de profundidad. Estudiadas científicamente desde los años treinta (Hartmann, Wissmann, Peyré, etc.), estas corrientes suben a la superficie terrestre por las fallas geológicas y las corrientes de agua subterráneas y se equilibran, al salir de la corteza terrestre, por los rayos cósmicos (provenientes principalmente de la radiación solar).

Este equilibrio de los rayos telúricos y cósmicos es necesario para la vida humana, animal y vegetal en la Tierra. Sin embargo, cuando este equilibrio desaparece, la zona afectada puede causar patologías severas en sus habitantes (enfermedades, etc.) Es lo que, intuitivamente, el hombre puede percibir en lugares donde se siente naturalmente bien (que emite "buenas ondas") o mal ("malas ondas").

Este desequilibrio se produce cuando, en un lugar preciso (vertical de cruces telúricos de corrientes de agua subterráneas o de fallas geológicas, por ejemplo) las corrientes y los rayos telúricos son especialmente importantes y no logran estar "equilibrados" o, a la inversa, en zonas poco soleadas donde la radiación solar es insuficiente para compensar la radiación telúrica.

Según algunos, las antiguas civilizaciones percibían intuitivamente estas corrientes telúricas, sabían canalizarlas y utilizarlas colocando en esos mismos puntos menhires, dólmenes y, en particular, templos o iglesias. Así, como el acupuntor pone agujas en un cuerpo, ellos transformaban las energías telúricas en ondas energéticas, sutiles y benéficas, y reequilibraban un lugar vertiendo a su alrededor el exceso de energías telúricas.

LOS MENHIRES EN BOHEMIA

Aunque la mayoría de los megalitos (del griego *mega* = grande y de *lithos* = piedra) del mundo están en Francia, donde nació su nombre, también existen en Inglaterra, Alemania, República Checa y en el Cáucaso. Las piedras largas hincadas se llaman menhires (de *men* = piedra en bretón). Actualmente la República Checa cuenta con 26 menhires en la región del noroeste de Bohemia, alrededor de las ciudades de Slaný y de Velvaryn, aunque se pueden ver algunos aislados en otras regiones del país, especialmente en Drahomyšl, Kamenný Most y Ledce. El menhir más alto (3 metros) del territorio checo se yergue en medio de los campos entre los pueblos de Klobuky y de Telce, al noroeste de Praga. Se afirma que cada vez que la iglesia vecina toca el ángelus, el menhir se acerca a ella un paso más y que, cuando llegue a la iglesia, será el fin del mundo. Las cruces esculpidas en algunos menhires, sobre todo los de los pueblos de Družec o de Smečno, indican que estos fueron recuperados por las autoridades eclesiásticas. El menhir más cercano a Praga está en el pequeño pueblo de Horoměřice. En la República Checa, el alineamiento de piedras más famoso, llamado poéticamente "el Carnac de Bohemia", está en Kournov, cerca de la ciudad de Rakovnik. Se ha encontrado otro alineamiento en los bosques, cerca del pueblo de Nečemice.

LA TORRE DE CONTROL DEL ANTIGUO AEROPUERTO DE KBELY

Museo de Aviación y de la Cosmonáutica
Antiguo aeropuerto de Kbely
Calle Mladoboleslavská, 1992/148, Praha 19-Kbely
• Bus: 185, 259, 269, 302, 375, 376, 378; Parada: Letecké muzeum
• Abierto durante los EHD (European Heritage Days), todos los años del
7 al 15 de septiembre

Una torre de control que sirvió de torre de agua

En noviembre de 1918, se inició la construcción de un aeropuerto en un lugar ideal, en la meseta situada entre los municipios de Kbely, Letňany y Vysočany. Se construyeron rápidamente edificios y hangares y, un mes más tarde despegaban ya los primeros aviones. Fue el primer aeropuerto importante construido desde la Primera Guerra Mundial en Checoslovaquia aunque perdió importancia a partir de 1937, fecha en la que abrieron el aeropuerto internacional de Praha-Ruzyně.

Su torre de control, que hoy domina el Museo de Aviación y de la Cosmonáutica ubicado más abajo, tuvo durante 80 años una doble función: guiar el aterrizaje de los aviones y servir de torre de agua.

La torre de control, de 43 m de altura, es obra del arquitecto Otakar Novotný, un personaje célebre de los años 20. Jan Lauda decoró la parte inferior con cuatro esculturas sobre el tema de la aeronáutica.

El faro, que remata la torre de agua, era uno de los pocos instrumentos de navegación de que disponían los pilotos de la época. Su potente reflector de origen francés tiene una intensidad luminosa de 2,75 millones de candelas (antigua unidad de medida): sus rayos luminosos eran visibles a 80 km con buen tiempo.

LOS PRINCIPIOS DE LA RADIO

El aeropuerto de Kbely no sólo está relacionado con la historia de la aviación sino también con la del desarrollo de la radio. El 18 de mayo de 1923, Radio Praga, segunda emisora civil de programas de radio regulares en Europa después de la BBC, empezó a emitir sus programas desde el tejado de este aeropuerto.

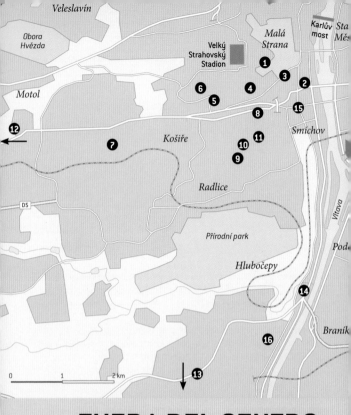

FUERA DEL CENTRO - SUR

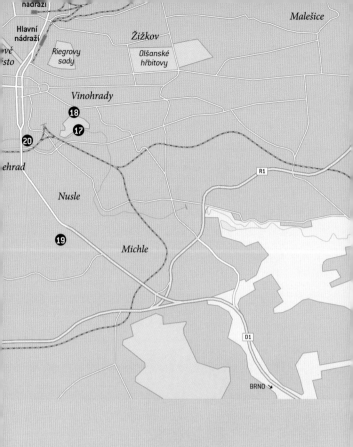

EL RELOJ SOLAR EN LA COLUMNA DEL JARDÍN KINSKY

❶

Jardín Kinsky
Kinského zahrada 98, Praha 5
Tel.: 257 325 766
Tranvía: 6, 9, 12, 20; Bus: 176,510; Parada: Švandovo divadlo

Un cuadrante sorprendente

Dentro de las 22 hectáreas del jardín Kinsky (Kinského zahrada), cerca del lago en lo alto del parque, hay un sorprendente reloj solar.

La cara sur (orientada hacia la ciudad) alberga un nicho con la estatua de san Roque cuyo bastón de peregrino es el estilo* del cuadrante. Contiene las horas de 10 de la mañana a 8 de la tarde.

En la cara este, un Cristo en la cruz, con una lanza clavada en el pecho que hace de estilo, indica las horas de 4 de la madrugada a 2 de la tarde.

En la cara oeste, la estatua de santa Rosalía, que sostiene unas rosas y unos lirios en su mano (que forman el estilo original), marca las horas de las 4 a las 8 de la tarde.

Por último, en la cara noreste, san Sebastián, con una flecha en el pecho

(que hace las veces de estilo), marca las horas de las 4 a las 8 de la tarde.

El emplazamiento de las figuras y de las horas que cada una indica no ha sido elegido al azar: san Roque, al que se reza para alejar la peste, mira hacia el sur de Praga, mientras que al norte, san Sebastián, protege también contra la peste. Así, simbólicamente, la ciudad está protegida contra la peste el día entero.

Cristo simboliza el alba y la resurrección diaria de la luz, Santa Rosalía, con la rosa como atributo, símbolo de la aurora, está orientada naturalmente hacia el este, por donde sale el sol.

*estilo: arista de un reloj solar gracias a la cual una sombra puede proyectarse sobre una superficie para leer la hora

CUEVA-VENTANA DE LA RESIDENCIA DE VERANO PORTHEIMKA ❷

Rue Štefánikova 12 (Matoušova 9)
- Tel.: 604 241 855
- Abierto todos los días salvo los lunes, de 13 a 18.00 h
- Tranvía: 6, 9, 12, 20; Parada: Arbesovo náměstí

> *La pequeña fuente de los pájaros*

A la altura de la primera planta de la residencia de verano Portheimka, desde el jardín se vislumbra una sorprendente construcción que ocupa el lugar de una ventana que parece tapiada.

Si se acerca un poco, observará que en realidad se trata de una pequeña fuente dentro de un nicho a modo de cueva. Tiene un rebosadero y pequeños comederos y bebederos para los pájaros que venían a anidar en ella.

Formada principalmente de rocas ígneas como el gneis, pero también el ónice y el ágata, la cueva está decorada con conchas y huesos de animales marinos, así como de estalactitas artificiales.

Reconstruida y cubierta con una red, ya no acoge pájaros en su seno.

Fue entre 1725 y 1728 cuando el célebre arquitecto barroco de origen alemán K. J. Dientzenhofer (también autor de la iglesia de San Nicolás en Malá Strana) construyó para su familia la residencia de verano, rebautizada más tarde como Portheimka. En la primera planta, el techo de la sala principal alberga un fresco llamado "Bacanale" del pintor V. V. Reiner, amigo de la familia y padrino de los hijos del propietario.

IGLESIA DE SAN MIGUEL ARCÁNGEL ❸

Kinského sady
- Tel./Fax: 224 920 686
- Tranvía: 6, 9, 12, 20; Bus: 176,510; Parada: Švandovo divadlo
- Abierto también durante las misas: domingo a las 10 h y lunes a las 8 h
- Visita previa cita

> ### *Una iglesia que se muda*

En la segunda mitad del siglo XVII fue construida la magnífica iglesia ortodoxa de madera de San Miguel Arcángel en la ciudad de Velké Loučky, cerca de Moukatchevo. En 1929, fue desmontada y trasladada a la parte alta del jardín Kinsky donde fue de nuevo montada.

La iglesia era un regalo para Praga de los habitantes de Rutenia, una región fronteriza con Polonia, con la actual Ucrania, la actual Eslovaquia, Hungría y Rumanía: antes de incorporarse a la Unión Soviética en 1945, Rutenia tenía por capital Praga.

La iglesia se construyó en el estilo de Bojkov, un estilo que integra elementos populares en el estilo barroco caracterizado por la división de la iglesia en tres partes de madera casi rectangulares sobre las que se alzan torres de madera con techos cubiertos de tablillas. El edificio mide unos 14 m de altura y 8 m de ancho, aunque la altura de la torre supera los 17 metros.

Se han utilizado el blanco, el verde y el rojo, los tres colores típicos de la religión ortodoxa, para decorar las torres y el interior: dichos colores simbolizan la fe, la esperanza y el amor.

Desde 2008, es utilizada por la Iglesia ortodoxa.

LOS FRESCOS DE LA IGLESIA DE SAN GABRIEL ❹

Calle Holečkova, Praga 5 Smíchov
• Bus: 176, 510; Parada: Kobrova
• Abierto durante las misas: el domingo a las 11.15 h y durante los EHD
(European Heritage Days), todos los años del 7 al 15 de septiembre

> *Un raro*
> *ejemplar del arte*
> *de la escuela*
> *de Beuron*

De estilo neorrománico de finales del siglo XIX, la iglesia de San Gabriel está decorada con numerosos frescos de la escuela de Beuron que se desarrolló sobre todo en Alemania en el siglo XIX (ver página contigua). Inspirados en el antiguo Egipto, los frescos otorgan, de manera sorprendente, rasgos egipcios a varios personajes: la Virgen María se asemeja a la diosa egipcia Isis.

Los dioses egipcios han influenciado profundamente al cristianismo que, desde que se implantó, prefería integrar los cultos existentes antes que eliminarlos, con el fin de ser mejor aceptado. Es así como el cristianismo adoptó elementos del culto mitraico (un dios solar de origen persa) así como elementos egipcios, cuya influencia se había extendido con fuerza hasta la Grecia clásica y bajo el Imperio romano.

De este modo, al igual que María permaneció virgen, Isis fue concebida por Osiris sin haber yacido con él. Las vírgenes negras son también en parte una reminiscencia de Isis (ver p. 24).

EL ARTE DE LA ESCUELA DE BEURON: ¿UN ARTE DESCONOCIDO QUE INFLUENCIÓ A KLIMT?

El arte de la escuela de Beuron es un arte místico y monástico que invita al recogimiento y a la meditación. Caracterizada por su simetría, la pureza de sus líneas, los colores diáfanos, apacibles, serenos y llenos de misterio, la escuela de Beuron fue creada por los monjes benedictinos Desiderius Lenz (1832-1928) y Gabriel Wuger (fallecido en 1892) a finales del siglo XIX en el monasterio de Beuron (Baden-Württemberg, en Alemania).

Fascinado por las creaciones de los babilonios, los egipcios y los griegos, Peter Lenz recibió una profunda educación artística en pintura y arquitectura antes de ser admitido en Beuron en 1872.

Varios monjes de la comunidad, como Lenz, que fueron artistas antes de vestir los hábitos (el holandés Jan Verkade, nacido en 1868, había sido miembro de los Nabis en Francia, antes de convertirse al catolicismo y de entrar en Beuron), se dedicaron a diseñar edificios religiosos cuyo espíritu buscaba la reconciliación con el arte de la Iglesia primitiva.

Lenz estaba obsesionado con la geometría y las proporciones que reflejaban, según él, el orden deseado por Dios. Queriendo crear un arte majestuoso, solemne y hierático, los monjes artistas de Beuron trabajaban también en equipo y en completo anonimato: las obras están destinadas a la gloria de Dios y no a la de su autor.

La fama de los monjes de la escuela de Beuron creció rápidamente: los vanguardistas de la Secesión vienesa los invitaron a su exposición de 1905, e incluso, según varios expertos, la escuela de Beuron habría influenciado profundamente a Gustav Klimt.

Las principales obras de la escuela de Beuron se encuentran en:

Abadía de Concepción – Misuri, USA, una abadía donde dos monjes de Beuron emigraron

Abadía de Beuron (Alemania) que posee la mayor librería monástica de Alemania (cerca de 400 000 libros)

Iglesia de San Gabriel - Praga

Abadía de Santa Hildegarda (Alemania)

EL TEMPLO DE LA NOCHE Y DEL CONOCIMIENTO ❺

Parc Klamovka
Calle Plzeňská, Praha 5-Smíchov
• Tranvía: 6, 9, 10, 16; Parada: Klamovka
• Parque abierto todos los días
• Los pabellones abren durante los EHD (European Heritage Days), todos los años del 7 al 15 de septiembre

> *¿Una construcción masónica que recuerda a La flauta mágica de Mozart?*

Klamovka es una propiedad de estilo rococó con un suntuoso parque que limita con Smíchov y Košíře. Se construyó en el terreno del antiguo viñedo fundado por el emperador Carlos IV cerca del muro de la antigua Praga. El nombre de Klamovka proviene del apellido de los condes de Clam-Gallas que compraron la propiedad a mediados del siglo XVIII.

Su diseño fue influenciado por el deseo de crear rincones románticos con el fin de resguardar los encuentros amorosos del conde Clam-Gallas con la cantante Josefina Dušková, de la que fue uno de sus admiradores.

Entre los numerosos edificios que adornan el parque, se encuentra el espléndido pequeño templo de la Noche y del Conocimiento, edificado hacia 1790, y bautizado como "Nebíčko" (pequeño cielo o pequeños cielos) por los espacios acristalados que representan un cielo estrellado. Hay una cueva artificial más abajo.

Algunos expertos han planteado la hipótesis de una relación entre esta edificación y *La flauta mágica* de Mozart que alude al ceremonial de las logias masónicas y en la que el Templo del Conocimiento también aparece (en los actos I y II).

W. A. Mozart también invitó a Praga en 1787 a los masones Franz Josef Anton Thoune-Hohenstein y a Christian Filip Clam-Galias: el primero era un miembro importante de la logia "Zu Wahren Eintracht" en Viena, y el segundo era un personaje importante de la masonería en Praga. Es posible que Josefina Duskova haya cantando incluso en Klamovka el aria *La reina de la noche* de la ópera *La flauta mágica*.

El parque también alberga un pabellón de estilo clásico decorado con algunos símbolos masónicos.

LA FLAUTA MÁGICA, ¿UNA ÓPERA MASÓNICA?

Los temas tratados en *La flauta mágica* provienen en su mayoría del ritual de iniciación de la masonería a la que Mozart y el libretista Emanuel Schikaneder pertenecían, aunque Schikaneder fue expulsado.

El recorrido iniciático de Tamino y Pamino en el Templo de Sarastro estaría pues inspirado en las ceremonias de iniciación masónica dentro de una logia.

En su obra *La flauta mágica, ópera masónica* (Editorial Robert Laffont), el musicólogo Jacques Chailley también explora en detalle las alusiones musicales a los símbolos masónicos.

Con *La flauta mágica*, Mozart habría decidido escribir una obra que relatara los grandes misterios y celebrara al fin las bodas alquímicas anunciadas en las óperas iniciáticas: *Las bodas de Fígaro*, *Don Juan* y *Cosi fan tutte*. El compositor habría pues soñado con resucitar la iniciación egipcia perdida, tan importante a sus ojos para la paz del mundo y donde las mujeres ocupaban un lugar central.

LA ESTELA DE UN CABALLO

La sorprendente estela de un caballo que también está en el parque Klamovka fue un encargo de la condesa Clam-Gallas en honor a su caballo favorito.

EL PABELLÓN CHINO DE CIBULKA ❼

Parque de Cibulka
Calle Plzeňská
• Tranvía: 9, 10, 16; Parada: Poštovka; Bus: 123; Parada: U lesíka
• Parque abierto todos los días, los pabellones están cerrados al público

En Košíře (Praga 5), la propiedad de Cibulka representa uno de los ejemplos más extraordinarios del barroco tardío en Praga.

Adquirido en 1817 por el príncipe-obispo de Passau, Leopold Leonhard Raymund Graf von Thun und Hohenstein, la propiedad, que existía desde el siglo XIV, fue transformada radicalmente: nuevos planos

> *Uno de los ejemplos más extraordinarios del barroco tardío en Praga*

que incorporaban un parque inglés y un bosque, así como una ruina artificial, una casa forestal neogótica y una ermita le confirieron un estilo romántico extremadamente atractivo.

No muy lejos del pequeño castillo, el pabellón chino es una pagoda octogonal que fue edificada en 1822.

El mirador actual, el más antiguo de Praga, es considerado la construcción mejor conservada de la propiedad. Esta torre de 13 m de altura está rematada por almenas. Se llega a la cima por una escalera exterior de caracol de 76 peldaños. Arriba, se pueden vislumbrar las ruinas seudogóticas cubiertas de hiedra conocidas como *El Infierno de Dante*.

Cerca de estas ruinas, dentro de una cueva artificial, se encuentra una estatua a la que han apodado popularmente Škrtíč (el estrangulador).

LA TUMBA DE LA "NIÑA SANTA"   ❽

Cementerio de Malá Strana
Calle U Trojice, Praha 5-Smíchov
• Tel.: 251 566 684
• Tranvía: 6, 9, 10, 16; Parada: Bertramka
• Visita previa cita en la oficina de Správa pražských hřbitovů

¿Ángel o niña?

En el corazón del cementerio de Malá Strana, la tumba de la "niña santa" es una sorprendente sepultura relacionada con una sobrecogedora historia que equipara a una niña con un ángel.

De padres pobres de Malá Strana, Anna tuvo una vida corta pero inusual. Al parecer comprendía el lenguaje de los pájaros y de los animales, y era famosa desde muy pequeña por tener el alma de un ángel benevolente con todo aquel que se encontraba. A los tres años, Anna se cayó accidentalmente por la ventana y murió en el acto.

Su tumba, esculpida por J. Max, es objeto de una gran admiración, en particular por parte de los niños, que peregrinan hasta aquí a menudo.

Los arquitectos barrocos Kryštof y Kilian Dientzenhofer, la familia Dušek, dueños de Bertramka y Leopold Thun-Holenstein también están enterrados aquí, en este cementerio de atmósfera serena y encantada, donde casi todas las tumbas están cubiertas de hiedra.

Fundado en 1680 a raíz de una epidemia de peste, el cementerio de Malá Strana (Malostranský hřbitov) está situado entre Smíchov y Košiře. En 1787, tras las reformas de José II, se convirtió en el cementerio municipal de toda la margen derecha del río (Hradčany, Malá Strana y Smíchov). Cerró en 1884 cuando ya no pudo ampliarse más por falta de espacio: ya estaba rodeado de casas. Desde entonces, los entierros se celebran en el cementerio de Malvazinky.

EL RELOJ DE SOL
DEL CEMENTERIO MALVAZINKY

9

Calle U smíchovského hřbitova 444/1, Praha 5
• Bus: 137, 501; Parada: Malvazinky

Un reloj inspirado en el evangelio

En la entrada del cementerio de Malvazinky, construido en 1876, hay una columna con un reloj de sol muy sorprendente en su cima.

Tiene cuatro nichos que albergan las esculturas de Cristo (dos veces), de la Virgen María y de san José.

En el nicho noreste, (el Cristo representado en la imagen del Ecce homo), el estilo* es una arista que proyecta una sombra sobre los números 4 a 8 para la mañana. En el nicho sureste, el estilo del reloj de sol es, sorprendentemente, la lanza clavada en el pecho de Cristo. Proyecta su sombra sobre los números 4 a 12 del cuadrante para la mañana y sobre los números 1 y 3 para la tarde.

En el nicho suroeste, con la Virgen, el estilo es un puñal que proyecta su sombra sobre los números 10 a 12 para la mañana y sobre los números 1 a 8 para la tarde.

Por último, en el nicho noroeste (una escultura de san José), el estilo es un lirio (símbolo de pureza y atributo del santo porque siguió, como María, viviendo castamente después del nacimiento de Jesús) colocado en la mano

del santo que proyecta su sombra sobre los números 4 a 8 para la tarde.

La posición de las figuras en el reloj solar sigue el orden cronológico del Evangelio con, primero, la caña que sujetaba Cristo cuando Poncio Pilato lo presentó a los judíos (de 4 a 8 de la mañana, para el reloj de sol que aquí se muestra), Cristo crucificado en el Gólgota, y su muerte que, según la tradición, ocurrió a las 3 de la tarde (final de la mañana y de 1 a 3 de la tarde en el reloj). Las horas de la tarde están dedicadas a los padres de Jesús, pero el día entero está bajo la protección de la Santa Familia.

Hay otro reloj de sol de este tipo en el jardín de Kinsky. Ver p. 218.

*estilo: arista de un reloj de sol mediante la cual una sombra puede proyectarse sobre una superficie para leer la hora

UN RINCÓN DE INGLATERRA EN EL CORAZÓN DE EUROPA ❿

Calle Přímá, Praha 5
• Bus: 137, 501; Parada: Malvazinky

Cerca del cementerio de Malvazinky, entre las calles Přímá y Xaveriova, la urbanización de casitas obreras, única en Praga, construidas antes de la Segunda Guerra Mundial, recuerdan a las típicas casitas familiares de los suburbios ingleses.

VILLA HELENKA ⓫

Calle Na Václavce 30, no. 1078/30
• Bus: 137, 501; Parada: Václavka

De estilo modernista, la magnífica Villa Helenka, construida en 1903 por Alois Korda, el arquitecto del barrio de Smíchov, fue decorada por el pintor František Kobliha.

Hoy, se sigue viendo un ángel con las alas doradas desplegadas en la fachada lateral, ricamente decorada con estucos y frescos, y con un reloj de sol en relieve rodeado de un motivo floral.

VÁCLAV
BABINSKÝ
20.8.1796   1.8.1879

TUMBA DE VÁCLAV BABINSKÝ

Cementerio de Řepy – Praha 17
Calle Žalanského
• Bus: 225; Parada Řepský hřbitov

C reado en torno al siglo XIII, el pueblo de
Řepy fue anexionado a Praga en 1968.
Algunos edificios significativos de
la época antigua siguen en pie: la iglesia

*El bandido
bien amado*

románica de San Martín, la antigua prisión para mujeres y su convento
formado por una parte de la iglesia de la Sagrada Familia.

En este convento vivió y murió el mítico bandido checo Václav Babinský,
tras dedicar sus últimos años a trabajar como jardinero.

De joven, Babinský vivía de robos y asaltos en los bosques del norte de
Litoměřice que pronto adquirió la fama de bosque maldito. Arrestado al fin en
1835 después de haber cometido un asesinato, fue acusado de una docena de
robos con agravantes. Aunque las autoridades sólo pudieron probar seis robos,
Babinský fue condenado a una pena de prisión de 20 años.

Conducido primero a Brno donde purgó su pena en los oscuros y húmedos
calabozos del Špilberg, Babinský fue luego transferido a los Kartouzy (hoy
Valdice) cerca de Jičín. En este establecimiento penitenciario obraban las
religiosas de la comunidad de la congregación de san Carlos Borromeo, que lo
educaron y lograron su arrepentimiento. Transformado en un hombre devoto
y un prisionero modelo, Babinský trabajó como enfermero, se ocupó de sus
compañeros de prisión enfermos y cuidó el jardín de la cárcel.

Cuando quedó libre en 1861, las religiosas de la orden le dieron alojamiento

cerca del convento en Řepy, en el número
20 de la actual calle Žalanského.

Se cuenta que, en sus momentos de
descanso, le encantaba ir a los bares
praguenses, donde contaba su vida
a cambio de una cerveza. Murió el 1
de agosto de 1879 a los 83 años y fue
enterrado en la prisión de Řepy donde
su tumba, una lápida toscamente tallada
en forma de menhir, está en un apartado
rincón.

Se dice que todas las religiosas del
convento lloraron en su entierro.

En la República Checa su nombre es
sinónimo de bandido, de ladrón y de
criminal.

ANTIGUO HORNO DE CAL DE VELKÁ CHUCHLE ⓭

Fábrica de cal de Pacold
Calle V Dolích, Praha-Velká Chuchle
• Bus: 244; Parada: Velká Chuchle

> ### Hornos de cal diferentes al resto

Situados en el extremo oeste del pueblo de Velká Chuchle, en dirección a Slivenec, los antiguos hornos de cal fueron construidos hacia 1890 por J. Pacold, rector de la Universidad Técnica Checa.

Técnicamente, la excepcionalidad de estos hornos reside en que podían tratar la piedra caliza no clasificada que se explotaba en una cantera vecina.

Los hornos de cal más tradicionales son circulares y solo tratan la caliza ya clasificada.

Tras parar la producción antes de la Segunda Guerra Mundial, los hornos se fueron deteriorando hasta 2004, año a partir del cual fueron restaurados y declarados monumento protegido.

La cal es un material pulverulento blanco que se obtiene de la descomposición térmica de la caliza, tradicionalmente en un horno de cal. Se utiliza desde la Antigüedad como "argamasa" en la construcción (albañilería de sillar).

Fig. 78. — Four à chaux.

EN LOS ALREDEDORES:

LA HUELLA DEL CASCO DEL MÍTICO CABALLO ŠEMÍK

Según una antigua leyenda, se pueden vislumbrar desde el lado izquierdo de la roca de Zlíchov (Praga 5) las huellas de los cascos del mítico caballo Šemík que dejó incrustadas en el suelo tras saltar por encima de la muralla de Vyšehrad durante la huida del noble Horymír (ver p. 172).

LA ERMITA QUE EXORCIZA DEMONIOS

El valle Prokopské údolí, al suroeste de la ciudad, se extiende desde Nové Butovice hasta Velká Ohrada, y de Barrandov a Hlubočepy. Ha sido declarado reserva natural con el fin de proteger uno de los entornos naturales importantes de Praga. Ocupa un territorio kárstico y de estratos geológicos, rico en yacimientos de fósiles de numerosas especies, en minerales y en praderas.

El valle lleva el nombre del ermitaño Procopio, uno de los santos checos, que vivió aquí en una cueva y que habría exorcizado a los malos espíritus. La cueva Svatoprokopská, la más grande de Praga, que medía 120 m, fue destruida durante las extracciones de piedra caliza en el siglo XIX. Antaño fue objeto de numerosas peregrinaciones. Una cruz de madera, colocada recientemente cerca de la antigua cueva, recuerda ese lugar. Se creó un lago precioso en Hlubočepy inundando una antigua cantera de piedra caliza.

LA MAQUETA A ESCALA DE PRAGA

Království železnic (Reino de los ferrocarriles)
Calle Stroupežnického 23, Praha 5, Smíchov
• Abierto todos los días de 9.00 a 19.00 h
• Metro: Anděl, Tranvía: 6, 9, 10, 16; Parada: Anděl
• http://www.kralovstvi-zeleznic.cz/

Praga
en 1830

Basándose en el modelo de Langweil, Rudolf Šíp creó otra maqueta de la ciudad de Praga, menos conocida, entre 1965 y 1977, año de su muerte, a escala 1:420.

La maqueta, de papel, muestra Praga tal como era en 1830: 3220 edificios, 20 iglesias, 9 sinagogas y 5 torres del centro histórico de Praga. El conjunto permite ver una Praga que ya no existe: pastores del Moldava antes de ser acondicionado, la catedral de San Vito sin las características torres que se construyeron mucho más tarde…

Conservada durante mucho tiempo en almacenes, hoy la maqueta está expuesta en el Království železnic ("Reino de los ferrocarriles") en Smíchov.

Existe también otra maqueta de Praga, interactiva. A escala 1:1000, ocupa una superficie de 115 m^2.

LA PLACA CONMEMORATIVA DE JOACHIM BARRANDE ⓰

Las rocas de Barrandov, calle Zbraslavská
• Tranvía: 4, 12, 14, 20, Parada: Hlubočepy

> *Un científico francés que dedicó varios años a estudiar las rocas de la región*

Barrandov es un barrio del sur de Praga 5, construido sobre una roca encima de la margen izquierda del Moldava y conocido por su industria cinematográfica y sus estudios, entre los más importantes de Europa. Dos kilómetros de acantilados rocosos que forman una reserva natural de 11,5 hectáreas llamado Barrandovské skály (las rocas de Barrandov).

La reserva tiene ejemplos únicos de piedra caliza del paleozoico, ejemplos increíbles de plegamientos de rocas devónicas así como yacimientos de trilobites paleontológicos. Este macizo rocoso lleva el nombre de Joachim Barrande, un sabio francés que dedicó varios años de su vida a estudiar las rocas de la región (ver p.239). Hay una placa conmemorativa de 4,8 de largo y 1,5 de alto sobre el acantilado que domina el Moldava.

JOACHIM BARRANDE: EL MAYOR TRABAJO PALEONTOLÓGICO JAMÁS REDACTADO POR UNA SOLA PERSONA

Nacido en Francia en 1799, Joachim Barrande estudió dos ciclos de dos años en la Escuela Politécnica. Asistió a conferencias científicas durante sus estudios, trabajó como ingeniero civil, en 1826 entró al servicio del rey Carlos X como preceptor de su nieto Enrique (futuro conde de Chambord) y, después de la Revolución de julio de 1830, acompañó a la Corte de los Borbones en su exilio.

Es así como descubrió Bohemia y conoció los entornos culturales checos. Conoció al historiador František Palacký y al conde Kašpar Sternberg, uno de los fundadores del Museo Nacional de Praga.

Después de 1840, Barrande viajó a pie por toda Bohemia central para cartografiar el terreno cubierto antiguamente por un mar poco profundo. Viajó con regularidad a los alrededores de Praga y de Beroun e hizo otras muchas excursiones por toda Europa.

Residió principalmente en Praga donde su primera asistenta fue la madre del poeta y escritor Jan Neruda.

En 1846, publicó en Viena y en Leipzig los resultados de sus primeros trabajos y, tras casi 30 años de investigaciones, publicó la enciclopedia sobre el "Sistema silúrico del centro de Bohemia".

Describió, en más de 6000 páginas y 1000 litografías, más de 3500 tipos de organismos fósiles, llevando así a cabo el mayor trabajo paleontológico jamás redactado por una sola persona.

A su muerte, se habían publicado más de siete volúmenes de esta enciclopedia. En ella se recogen los ricos depósitos paleozoicos checos.

Falleció en 1883 en Baja Austria. Menos de un año después de su muerte, bautizaron con su nombre a las rocas de los alrededores de Praga que estudió durante una buena parte de su vida.

Jáchym Barrande.

LA CUEVA DEL JARDÍN DE HAVLÍČEK

- Tranvía: 4, 22; Parada: Francouzská;
- Tranvía: 6, 7, 24; Parada: Nádraží Vršovice
- Abierto todos los días las 24 horas

Un encantador laberinto de piedra con toques románticos

En el actual Jardín de Havlíček (Havlíčkovy sady), en Grébovka, antaño se extendían las dos propiedades de Horni y Dolní Landhausky compradas hacia 1850 por el industrial praguense Moritz Gröbe.

El arquitecto Antonin Barvitius construyó en el centro de estas una espléndida villa de estilo neorrenacentista y, en los jardines, se instaló un gran viñedo en terrazas y un emparrado. Ferviente admirador de la naturaleza, Gröbe mandó construir de 1871 a 1888 un parque tipo inglés formado por distintos planos superpuestos en terrazas, por muros de contención y por escaleras que los unen. El conjunto está rodeado de muros con puertas.

Gröbe era considerado un gran original, se sentaba solo durante varias horas, pensativo, en el parque. Sus herederos permitieron que se desarrollara la horticultura en la propiedad y alquilaron la villa.

Delante de la monumental cueva y de sus rocas artificiales, situada en la parte noroeste del Havlíčkovy sady, hay también una fuente donde antaño había una reproducción de Neptuno.

Antiguamente, la propiedad entera sufrió importantes reformas, aunque en la actualidad la cueva está considerablemente deteriorada. Hoy más bien parece un encantador laberinto de piedras con toques románticos.

SÍMBOLOGÍA MASÓNICA DE LA REGLA Y EL COMPÁS

En la simbología masónica, la regla representa la rectitud, el método y la ley, tres principios simbólicamente corroborados por los ángulos del triángulo.

En el antiguo Egipto, se representaba al dios Ptah con una regla en la mano para medir las crecidas del Nilo. La regla de 24 pulgadas que figura en las logias masónicas como herramienta de trabajo y de medida del tiempo indica así que no es necesario malgastar las 24 horas del día en la ociosidad y el egoísmo: hay que dedicar ocho horas a la meditación, otras ocho al trabajo y las ocho restantes al ocio y al descanso, aunque todas estén al servicio de la humanidad.

El compás, uno de los principales símbolos masónicos, es el emblema de la medida y de la justicia. La primera figura geométrica que se puede trazar con un compás es el círculo centralizado en un punto (principio de toda manifestación o evolución). Lo relativo y lo absoluto están pues representados por la acción del compás que, por su parte, muestra la dualidad (las dos puntas) y la unión (su confluencia). Es la razón por la que la masonería adopta el compás como uno de sus símbolos más importantes y lo coloca sobre el altar de la logia, enlazado con la escuadra para simbolizar el macrocosmos y el microcosmos, por encima del libro sagrado (Biblia, Corán, Vedas, etc., según la religión del país donde la masonería está presente). Este libro significa la sabiduría que ilumina y dirige tanto el macrocosmos como el microcosmos, y la orden masónica en particular.

BAJORRELIEVE DE UN NIÑO DESNUDO

Rue Šmilovského 2
• Tranvía: 4, 22. Bus: 135; Parada: Jana Masaryka

> *Símbolos
> masones
> de la escuadra
> y el compás*

onstruida en 1907, la casa neorrenacentista en el ángulo de las calles Kopernikiova y Šmílovského tiene, en la esquina, un bajorrelieve en el que está representado un niño desnudo. Este sujeta con la mano derecha apoyada sobre una mesa de dibujo un compás y con la izquierda una regla en forma de T.

Sobre él, un bajorrelieve contiene un compás y una escuadra entrelazados que forman una estrella de David, símbolo del hexagrama y emblema masónico por excelencia.

TORRE DE AGUA DE MICHLE

Calle Hanusova Praha 4-Michle
• Metro: Pankrác. Bus: 118, 124, 170; Parada: Brumlovka

> *Uno de los monumentos modernistas más importantes de Praga*

En la calle Hanusova, en la frontera con los barrios de Michle y de Krč, se alza la torre de agua de Michle, una sorprendente torre coronada con un depósito con techo de cobre.

Construido en ladrillo sin enlucido entre 1906 y 1907 por el célebre arquitecto checo Jan Kotěra, es uno de los monumentos modernistas más importantes de Praga.

Hasta 1975 transportó las aguas de la central hidráulica de Podoli hasta el Servicio de aguas de Vinohrady y de Vršovice, y hoy el castillo de agua ya solo sirve de aljibe. Está previsto transformarlo en centro cultural.

EN LOS ALREDEDORES:

LA FAROLA DE LOS SUICIDAS

Parque Folimanka - Praha – Nusle
La farola está debajo del puente de Nusle
• Tranvía: 6, 7, 18, 24; Parada: Svatoplukova

Nuselský most (el puente de Nusle), que une la Ciudad Nueva con los barrios del sur de Praga, se construyó en 1973. Con sus 485 metros de largo, sus 26,5 metros de largo y sus 42,5 metros de altura sobre el barrio del valle de Nusle, es el puente más alto y más grande de la ciudad.

Debido a su altura, atrajo desde el principio de su construcción a los candidatos al suicidio: desde que se construyó, más de 200 300 personas ya se han tirado al valle y perdido la vida.

En los años 1990, se colocó una valla metálica de 2,7 metros de alto para impedir las tentativas de suicidio.

En 2011, el escultor Krištof Kintera inauguró en el parque Folimanka el monumento *Por decisión propia*: esta farola, torcida en su parte superior, recuerda estos trágicos destinos humanos.

ÍNDICE ALFABÉTICO

ÍNDICE ALFABÉTICO

NOTAS

NOTAS

Agradecimientos
Michel Dineur, Eva Kosakova · Židovske muzeum v Praze, Monica Šebova · Společnost přatel beuronskeho
uměni, Mila Havelkova · Narodni kulturni pamatka Vyšehrad, Sprava Pražskeho hradu, Břevnovsky
klášter, Pamatnik narodniho pisemnictvi, letohradek Hvězda, Narodni muzeum (Pamatnik Jaroslava
Ježka), Muzeum policie ČR, Poštovni muzeum Praha, Muzeum Stara Čistirna o. p. s., Muzeum pražskeho
vodarenstvi, Akademicky klub 1 LF UK Praha (Faustův dům), Hrdličkovo muzeum člověka UK Praha,
Kralovstvi železnic Praha.

Créditos fotográficos:
Todas las fotos son de Jana Stejskalová salvo:
Statue Věžnik: Ivo Purš
El desván de la sinagoga Staronová: libro de Ivan Mackerle Tajemstvi pražskeho Golema, Magnet-Press,
Praha 1992
Estatua de una mujer muerta: Sprava Pražskeho hradu
Todos los grabados proceden de los archivos de Martin Stejskal

Cartografía: **Cyrille Suss** · Diseño: **Roland Deloi** · Maquetación: **Stéphanie Benoit** · Traducción: **Patricia
Peyrelongue** · Corrección de estilo: **Maya Grasset** y **Milka Kiatipoff**

*De acuerdo con la legislación vigente (Toulouse 14-01-1887), el editor no se hace responsable de los
errores u omisiones involuntarios que puedan aparecer en esta guía, a pesar del cuidado y de las
comprobaciones del equipo de redacción.*

*Se prohíbe la reproducción total o parcial de esta guía, por cualquier medio o procedimiento, sin la
autorización previa del editor.*

© JONGLEZ 2015
Depósito legal: Abril 2015 – Edición: 02
ISBN: 978-2-36195-032-3
Impreso en China por Leo Press